Cyber

EsCROquerie

L`Art Spectaculaire De FOUR-ONE-NINE(419)

PAR

JULES FONBA

Une traduction de

Jules Fonba, S.M Eugene Kingue, Bienvenue Fotso et Njogeue Alain Brice

julesfonba@gmail.com
https://facebook.com/julesfonba
https://twitter.com/julesfonba
 www.julesfonba.8m.com

CONTENTS

TITRE ORIGIINAL

419 The Cyberscam Game

1 **Introduction**

Avec la prolifération de la cyber arnaque de nos jours, on peut en déduire que l'escroquerie cybernétique a atteint un pôle où elle pourrait être comparée à des mises à jour constantes développées chez Microsoft, creuset de la technologie numérique. Ainsi donc, quand Bill Gates met sur le marché Windows Vista ou Windows 8, les escrocs eux aussi, sortent quelque chose d'équivalent ou de plus sophistiqué, voire amusant! »

Avec la croissance et le succès du cyber arnaque dans ce nouveau millénaire, les ramifications sont devenues si profondes que nous n'aurions pu y penser. Panoramiquement, avec qui, quoi, où, quand, pourquoi et comment sont des interrogations non-négligeables sur la question, notamment en termes de continent, pays, région, culture, éducation, religion, sexe et race.

Procédant par des formulaires électroniques et par toutes autres formes en fonction de la cible désignée, car chaque théorie va de pair avec un nom de baptême (par exemple la lettre nigériane ou «419», Phishing/Spoofing, loteries etc.), ce qui définit de ce fait la Genèse de l'histoire plus que floue.

Parce que ces intrigants, en particulier ceux des pays pauvres ont souvent de l'allure, leurs e-mails sont généralement embellis avec des erreurs intentionnelles d'écriture, leurre pour le récepteur qui se croira ainsi en une classe privilégiée, la simple supériorité économique ou de la race qui sera aisément visible conduit à des millions soutirés via cette entente proposée négligeant le professionnalisme et l'éloquence des auteurs d'un tel acte.

Certains sont simplement des ex-travailleurs ayant perdus leur boulot dans des entreprises, et qui dans le but stratégique et voilé de profiter des failles issues des données desdites entreprises, feront naître un système qui ne sera jamais facile à évanouir ; toutes ces raisons étant liées d'une façon ou d'une autre.

Tout cet ensemble est très rapidement mis à jour, raison pour laquelle nous devons innover dans la manière d'être sur nos gardes. Car en l'absence d'une police préparée ou d'un organisme de sécurité, l'on ne pourrait le combattre à temps. Puisque cela pourrait toujours faire des victimes, peu importe leur position ou leur statut social (ministres, homme de la rue, etc.) et ceci avant que des dispositions préventives ne soient prises pour mettre en garde l'opinion publique.

Et ceci ne se solde pas toujours par un succès; parce qu'une fois découvert, un autre schéma d'escroquerie est déjà à portée de main et de production. Selon Jamie Shea, le Secrétaire général en chef pour les défis de sécurité émergents pour l'OTAN, près d'un millier de milliard de dollars ont été perdus dans la cybercriminalité en 2010 dans le monde selon la chaîne de télévision Euronews (Land Of Cyber crime).

Ce livre aussi en E-book vous permettra de découvrir la cyber arnaque (cyber criminalité), tel que vous ne l'auriez jamais imaginé.

En bref, ceci constitue la meilleure connaissance que vous devriez posséder avant de vous engager dans un business en ligne, quelle qu'en soit sa nature. L'idéal serait pour chacun d'entre nous de connaitre toutes les formes de cyber arnaque.

Ce fléau qui affecte notre environnement cybernétique est maintenant cause de frustrations, d'endettements, de vengeances, suicides et meurtres etc.; ensemble de pratiques qui affligent le monde en raison de l'ego aveugle de l'homme et de sa quête acharnée de la richesse quelle que soit la qualité des voies empruntées.

2 Qu'est-Ce Que La Cyber Escroquerie

Cyber escroquerie ou ruse, par définition c'est une méthode pour se faire de l'argent malhonnêtement via des astuces, subterfuges, canulars etc. Ce «Jeu» est effectué grâce à l'utilisation d'un ordinateur et d'une ligne internet sous le couvert avantageux de la communication et de l'échange : échange des courriers, appels téléphoniques, paiements et discussions en ligne ainsi que la consultation gratuite des sites commerciaux de publicités.

Leur objectif principal est de vous escroquer en prétendant vouloir changer votre vie. Tout est mis en œuvre par le biais d'un baratin savamment organisé, pour faire penser à toute victime éventuelle que son engagement ne présentera aucun risque pour elle.

Ceci est suivi par une forte pression exercée sur la victime pour en tirer profit et passer à autre chose; et ce plan est toujours mis en œuvre avec une extrême célérité visant à ce que la victime ne découvre le manège à temps, ce qui pourrait évanouir l'opportunité. Il est généralement présenté à la victime un schéma selon lequel le partenaire éventuel pourrait se déplacer ou changer d'avis si elle ne réagit pas vite, ce qui lui ferait perdre l'opportunité d'un gain énorme.

Vous êtes emmenés à croire en cette duperie selon laquelle par une chance unique, vous êtes parmi les hommes que l'esprit de Dieu a choisi et c'est lui qui les a guidés vers vous. Finalement vous êtes bénis et bien aimés par le Père céleste.

Comme c'est pitoyable toutes ces personnes, qui pour la plupart sont incitées à avaler qu'elles ont été choisis parmi la communauté humaine à partager des gains exceptionnels de plusieurs millions de dollars tout simplement de façon providentielle.

Puis l'autre proportion proposée à ces gens est le montant ou le pourcentage. C'est une section très cruciale dans l'e-mail envoyé, car beaucoup de soin et d'attention lui sont accordés en fonction de la taille de la transaction ou de la nature de celle-ci. Pour cette Raison ces farceurs préfèrent parler en pourcentages, vous laissant le soin de calculer les chiffres par vous-même.

Dans la visualisation de ce gain passionnant, vous devenez anxieux et vous voulez en savoir plus; éventuellement vous vous sentez attiré par un désir de passer un appel téléphonique ou d'adresser une réponse à l'e-mail etc. marquant ainsi le début de votre éblouissement et donnant à l'escroc plus d'accès à vous.

Comme il a été fait mention plus haut, la première étape est d'entrer en contact avec la victime; puis de maintenir la transaction dans la plus grande confidentialité. En réplique, comme l'escroc est personnellement en train de prendre des risques sans avantage fiscal, il doit rester inconnu, dans la crainte d'être découvert.

En conséquence, vous acceptez de danser au son de son tam-tam. Après tout, qui aime payer ses impôts de toute façon ! Une fois que cela est fait et bien scellé, il est sûr de vous avoir à la fin de la transaction.

Dès que vous êtes embarqué dans la première étape, la prochaine étape devient l'authentification de l'escroquerie. Il exige de vous votre adresse postale où il vous envoie des documents concrets accompagnés de pièces probantes. Plus souvent, il préfère la voie postale pour paraitre plus sérieux.

Ces courriers ou lettres sont généralement estampillés de timbres juridiques, en-têtes juridiques débordant d'authenticité, ce qui efface toute suspicion.

Ce modèle est très particulier avec l'escroquerie nigériane (419 four-one-nine) comme ils l'ont vulgarisé avec les multiples parutions en Amérique, en Europe et dans certains pays d'Asie et du Moyen Orient comme l'Arabie Saoudite, l'Inde, le Singapour, l'Indonésie, etc. De telles formes portent les titres des directeurs généraux, gestionnaires de grosses structures, etc.

La partie étonnante de ce stade est que les choses commencent à paraitre comme si vous avez été hypnotisé, car vous agissez avec peu de raisonnement et de questionnement sans définir les moyens et les gestes. Couplé du fait que le secret a été implanté dans le cerveau comme un code.

Ainsi vous vous trouvez divulguant vos informations confidentielles comme le numéro de télécopieur, de téléphone, numéro de compte, etc. lorsque la demande porte à expédier de multiples signatures et cachets d'en-têtes des entreprises vierges, factures, etc.

Puis, vient ensuite le rôle des intermédiaires comme les signataires de la lettre le montrent, et la confirmation par l'escroc. Tout ceci dans le but de concrétiser les normes du contrat tel que demandées par la banque avec laquelle l'on traite. Et si tout est de suite accepté, la monnaie affluerait rapidement dans le compte de la victime, cette dernière ignorant que ceci est le début de tous ses malheurs dans la définition réelle. Dès réception des documents requis que les demandes multiples posent de gauche à droite, de droite à gauche ayant la tête et les visages des impôts.

Calmement, il vous est alors demandé de transférer de l'argent aux récents impôts rencontrés, les frais de contrat, les frais des avocats, des l`argent des responsables gouvernementaux et des fonctionnaires bancaires et ainsi de suite, les poches continuent à se vider.

La victime peut même être invitée au pays de l'escroc à rencontrer des partenaires impliqués, ceci avant l'accord final du dernier versement souvent suivi de pièges mineures telles que : «très peu de contrôle sont effectués sur les documents d'immigration dans certains de nos États, en particulier sur les questions juridiques, de déplacement, etc. de documents qui exigent la capacité d'être pleinement admis dans ce pays". Des Questions qui souvent sont prises très au sérieux par les bureaux de l'immigration.

L'autre étape pourrait aller de l'avant avec la mise en scène de personnes dans les édifices gouvernementaux qui donnent de véritables signes d'authentiques approbations, aux côtés d'autres attributs tels que les frais d'accueil des membres du conseil d'administration qui vont présider au point final de la transaction.

Mais la veille de la négociation finale, la victime est souvent invitée à la loge d'escrocs ou à un lieu de fête, où la danse du ventre est organisée pour l'exciter et toute forme d'excitation étant par circonstance la bienvenue le prépare pour un échec imminent.

Bref, c'est plus ou moins une industrie car la victimisation devient plus grande, de sorte que les dupeurs se sont constitués en une excellente université à plusieurs facultés, s'il n'y a pas de possibilité d'aller au pays des escrocs, la victime est toujours renvoyée à une nation voisine pour la transaction.

De là elle est plus édifiée, selon sa capacité à se sentir libre si la nation de l'accord est trop familière avec les nations habituelles de voyage de la victime, à condition d'avoir une exploitation expatriée aux environs.

Dans certains cas agissant ainsi comme des chambres de compensation pour la société monétaire en affaire.

Et Dieu seul sait quelle est la profondeur de ce type de configuration, parce que la plupart des pratiquants de cet art marchant la tête haute ou sans crainte jouissent généralement d'une protection en haut-lieu par quelqu'un couvrant leurs arrières en temps de chaudes crises. Et à certains moments la protection peut même venir directement de la présidence.

Qui s'aventure alors? Dans ce vieil adage «Vous me grattez le dos, je vous le revaudrai et tout le monde sera quitte". Sens clair, voilà des raisons pour lesquelles la victime aurait pu ne jamais récupérer son argent et/ou être satisfait au maximum avec les moyens d'enquêter sur le problème.

3 Qui Donc Est Un Cyber Escroc

C'est une personne ou un groupe de personnes, en âge de raisonner, qui ne peut premièrement être perçu physiquement et qui a la capacité franche à utiliser un ordinateur ou l'internet et de faire ressortir un système bien étiqueté de manière à vous déposséder de ce qui vous appartient, au nom d'un accord qui va faire de vous un richissime lors d'une transaction juteuse obtenue à prix dérisoire que vous n'avez jamais rencontré sur Internet ou sur un produit que vous connaissez évidemment être onéreux.

Ceux–ci revêtent plusieurs manteaux lorsqu'ils vous approchent tantôt aura-t-on affaire à un vendeur, à un homme d'affaires, un agent, un entrepreneur, un philanthrope, un investisseur, une victime de guerre, une veuve, un héritier etc. bref un vrai imposteur. Tout ceci pour atteindre son but: avoir de l'oseille dans ses poches.

Ce plan de jeu a toujours pour cible des magnats des affaires, des grandes entreprises ciblées, des particuliers, des centres éducatifs, des associations caritatives et des lieux gouvernementaux qui semblent essuyer beaucoup de pertes économiques.

Avec exactitude, les fraudeurs savent où obtenir des contacts pour leurs proies à venir, sur des sites web qui donnent des répertoires de partenaires potentiels ou des entreprises, des journaux avec des contacts e-mails, des bibliothèques commerciales, les revues spécialisées, etc.

Et avec le succès qu'ils font du système, ils se retrouvent parfois à réinvestir sans métrise dans l'escroquerie ou à aller frauder dans l'immigration, le trafic de drogue, le vol d'identité, vol de cartes de crédit etc., afin d'avoir plus de puissance et atteindre la cible avec tout: la propreté de faire croire.

Ne laissant à la victime aucun doute sur la duperie.

Le Nigeria seul a le prestige de mails et de courriers électroniques comme troisième matériau le plus exporté de leur économie. Surtout avec leur style télécopie, ce qui prouve que l'escroquerie s'est constituée en une organisation complète et beaucoup d'argent a été investi pour améliorer cette théorie bidon.

4 Qui Est Exempt De Fraudes Cybernétiques

Honnêtement personne, peu importe le continent, le pays, la région, la culture, la sécurité interne ou externe, l'éducation, la religion, le sexe et la race. Où, avec qui, quoi, quand, pourquoi et comment sont autant de questions qu'on se pose; vous pouvez toujours être une proie potentielle et même la plus facile de toutes.

Tout ceci parce que la cyber escroquerie, comme toute forme habituelle d'escroquerie, est un grand jeu mental. Elle va de pair avec le brassage, le découpage et la stimulation de vos désirs. Avec des produits dernier cri à vendre, des alertes de retard dans le paiement bancaire, les promesses et les sommes imaginaires illusoirement grotesques, cela va émerveiller votre vie pour toujours.

Après tout, qui ne sera pas ajouter plus de zéros à ses données financières ou de jouer les seigneurs dans son milieu? À ce stade, le lavage de cerveau repose sur le chargé de collecte de toutes vos informations de base sur sa demande osée (photocopie de votre carte d'identité, photocopie de la fiche de paie, numéro de compte bancaire, adresse, etc.). Bref, tout ce qui va lui accorder du crédit et vous faire sentir l'authenticité de l'entreprise.

Une fois qu'il réussit à avoir une avance d'honoraires potentiels ou un paiement multiple de vous, l'affaire est conclue. Le scénario a abouti. Chercher à le joindre, devient une impasse ou bien il disparaît tout simplement de la circulation, créé avec vous.

Ou si, c'est le numéro de votre compte bancaire, (bêtement donné par-vous); au moment où vous le constatez, votre banquier est déjà en train de vous confirmer que ce que vous avez travaillé toute votre vie durant est parti pour de bon.

Le mal a revêtu de l'ampleur, au point où ils ciblent des organismes de bienfaisance avec le saint désir de jouer le bienveillant et marquer leurs noms dans la liste des philanthropes, comme ils le prétendent. Mais la cadence recommence avec leurs chansons et styles habituels de leur donner une avance d'honoraires pour les taxes pour ceci ou cela pour libérer les dollars inutiles et invisibles.

Quelquefois sur la prétention que dans leur vie passée ils ont eu à commettre beaucoup d'actes horribles et de péchés mortels et qu'ils voudraient s'assainir la conscience.

5 Pourquoi Cette « Industrie » D'escroquerie Connait Un Tel Succès Planétaire

Leur réussite réside dans leur allure à comprendre le mystère anglais: "*money made the world*". Les gens ne vivent que pour l'argent et voient en lui leur Dieu ; par conséquent ils feraient n'importe quoi pour en avoir.

Toutes les nations capitalistes sont bâties sur cette théorie, et ainsi va la mentalité de ses citoyens.

.

Comme l'ego démesuré de l'argent ici va de pair avec chaque individu, cela fait que d'autres sont extrêmement accrochés même face aux avertissements visibles. Esprits gourmands!

Éducation

Aujourd'hui, on a dépassé le seul niveau d'apprendre à lire et à écrire. Les gens ont défié voire même gelé leur complexe d'infériorité qui consistait à voir une certaine classe d'êtres humains comme des seigneurs à qui on devrait lécher les bottes à perpétuité. Tout le monde veut aller au-delà de son imagination et faire avancer les choses dans son intérêt. Faisant de cette époque l'une des plus grandes, dans laquelle les démunis sont sous l'emprise de leur détermination et leur force d'attraction.

Le taux d'analphabétisme a baissé considérablement par rapport à il y a quarante ans. Particulièrement dans le monde sous développé. Les gouvernements ont beaucoup investi dans le domaine éducatif, afin de combattre l'ignorance intellectuelle et comme résultat aux nombreuses années de lutte, de nombreuses élites sont nées de tous les quatre coins du globe.

Cela se voit avec l'Inde et l'Afrique du Sud qui se sont avérées être parmi les premières nations émergentes de notre époque.

Sans oublier que certains êtres humains modernes viennent aux mondes surdoués et ayant une capacité de débrouillardise supérieure et de créativité inculquée à leur système ; ceux -ci une fois découverts à temps et bien orientés dans l'objectif à atteindre, deviennent des phénomènes . Disons simplement le BOOM des PIRATES (HACKERS BOOM).

Pauvreté

Par la véritable exploitation des êtres humains désespérés, ces derniers tirent parti de leurs souffrances, de leurs chagrins et de leurs misères, tout en leur promettant une solution divine pour eux sachant que l'humanité est pleine d'âmes moins privilégiées.

Par exemple, une personne dans le besoin de travail, de mariage, de frais de scolarité, de voyage, de soins de santé, d'assistance de toute sorte pour l'amélioration de sa condition de pauvre donnerait tout son souffle pour voir son vœu se réaliser.

Ceci est très monstrueux d'autant plus que nous reconnaissons tous les pauvres et les humbles comme les vrais porteurs du visage de Dieu.

La puissance de la langue anglaise

Le pouvoir de parler l'anglais est un atout majeur, étant devenu le langage universel pour les affaires et l'interaction.

Car l'anglais a facilité la compréhension et la percée dans le domaine, étant donné que les trois quarts de la population mondiale parlent anglais et sont anglophones par leur première ou deuxième langue et / ou essayent de comprendre la langue ou s'efforcent à le faire pour s'aligner à la langue mondiale du commerce et du divertissement.

L'Informatique est quittée du luxe à la nécessité la révolution économique de nombreux pays tels que la Chine ou encore Dubaï a favorisé l'accès à tous les consommables informatiques aux citoyens de tous les niveaux de vie, sans oublier les produits électroniques de seconde main en provenance de l'occident, ouvrant des portes pour les arnaqueurs des pays pauvres à être habiles et plus aptes.

Par la suite, le recrutement de davantage de personnes à l'univers du piratage rendant l'arnaqueur très difficile à traquer ou à suivre ; par conséquent beaucoup de gens se voient recrutés dans cet univers comme escrocs et arnaqueurs ou marchent ensemble.

La doctrine de la mondialisation

Nous connaissons tous la doctrine de la mondialisation qui nous permet de mieux interagir de manière à acquérir la connaissance et la compréhension de l'autre. Ce qui fait du monde un parfait village planétaire.

Transformer les citoyens de différentes nations de sorte à partager leur culture, leur technologie etc., en poussant les gens à être moins méfiants envers les autres et ouverts à toutes les formes de transaction, si vraiment cela pourrait multiplier les avoirs financiers.

Les transactions commerciales faciles

Toujours derrière la question de la mondialisation, beaucoup a été investi dans la technologie monétaire pour bien gérer les affaires en ligne.

Avec l'utilisation de numéros de compte bancaire, de l'argent peut être envoyé à partir de n'importe quel coin du globe pour vous ou pour votre partenaire. Grâce à des méthodes sans fil. Puis par l'intermédiaire d'Internet via Paypal, les cartes Visa, Mastercard, Swift, Western Union etc. services qui ont tous contribués à mettre aux petits soins les arnaqueurs.

La migration intensive

Les quatre-vingts dernières années ont enregistré la plus grande migration de notre temps.

Particulièrement sous tous les angles du monde, les gens ont été tellement intéressés à se déplacer comme jamais auparavant dans l'histoire de la migration.

Cela peut mieux se comprendre à partir des regroupements organisés par tous les citoyens résidant hors de leur pays, pour maintenir leur force et leur statu quo contre les troubles de toute sorte. La plupart du temps à partir de pays les moins développés au monde vers les plus développés, à la recherche de meilleures conditions de vie, d'éducation, de travail etc....

Ouvrant les voies à la compréhension du mode de vie des gens, connaissant ainsi leur capacité financière, leur puissance économique, leur mentalité vis-à-vis de l'argent, etc. ce qui leur permet de savoir comment attaquer la « proie », le genre de langage à utiliser, le manteau à arborer en vue d'atteindre l'objectif.

Communication

La communication a été mise à la portée de tous. Elle n'est plus un luxe ou quelque chose qui devrait aller avec de lourds investissements. Avec la conception du système sans fil, la fibre optique, les transmissions satellitaires ont été rendus faciles à tous en particulier pour les pays émergents ayant connu des troubles politiques donnant aux cyber intrigants un enracinement pour plus de profit et en faire une industrie quatre étoiles.

Média

Il s'agit d'un point crucial dans l'amélioration et la réussite du cyber arnaque. Un grand nombre de documentaires ont exposés l'impérialisme, et suscités une grande envie politique et économique de haine (mauvais jugement et stratégie politique pour les relations extérieures) exposant également le train de vie élevé de certains occidentaux.

La façon dont ils dilapident leur argent, comment ils sont assis sur des montagnes de richesses attendant que Dieu leur fasse un prix pour venir vivre avec lui au ciel, tandis que d'autres vivent au jour le jour et en-dessous du seuil de pauvreté.

Tous cela a contribué à mieux organiser la cyber arnaque, rendant les arnaqueurs plus déterminés que jamais. Je crois même qu'ils sont les meilleurs interprètes de la théorie de la loi d'or de l'attraction, c'est pourquoi un arnaqueur peut n'être jamais sorti de son pays, mais réussir à vous dépouiller de vos millions, avec cette théorie.

Internet et les lignes de téléphones portables non souscrites

Dans la mesure où, dans le monde développé, tout abonnement de n'importe quel type souscrit en ligne sur Internet ou téléphone portable est enregistré sous votre adresse, ou utilise des liens de votre adresse à partir de laquelle vous pouvez être repéré via une unité centrale ou la base de données nationale ; alors plus de possibilité de s'en extraire tandis que dans d'autres pays ce genre de lois n'existe pas, particulièrement, les pays de l'Afrique de l'ouest.

Néanmoins les bases ont toujours des fuites de haute intensité surtout dans les systèmes tels que le système prépayé ou le vol de téléphone. Encore une fois, Internet et les lignes d'appels utilisés pour communiquer servent aussi de modèle pour une meilleure organisation.

Génération incrédule

Tel que professé par d'authentiques hommes de Dieu, le sujet ici est très grave car l'homme s'est adonné à un total laisser-faire en se détournant des voies recommandées par notre Seigneur. Notamment l'éthique morale et les normes de vie standard, rendant difficile l'intervention divine dans ses moments les plus dangereux malgré les avertissements et les signes de mises en garde qui ne sont pas pris en compte, car ce qui importe c'est l'argent et le pouvoir.

L'utilisation excessive des pouvoirs mystiques

Ceci pour hypnotiser leurs victimes et étant dans l'incapacité de prier ou de craindre son créateur pour sa protection, l'homme a volontairement ouvert une boîte de pandore dévorant sa personne à petit feu.

La plupart des arnaqueurs utilisent des charmes puissants parfois fabriqués à partir de parties du corps humain, des rites spirituels, des incantations, des invocations de génies diaboliques pour transformer les problèmes en leurs faveurs. Le but étant pour eux, d'arriver à séduire leurs victimes à tout prix. Il est à relever que même dans ce monde on vend son âme pour de l'argent.

Dans cette philosophie bien comprise par les fraudeurs, l'approche faite est celle selon laquelle l'argent n'aime pas le bruit, la porte est ouverte et un dîner royal est servi pour le visiteur de l'espace qui va changer de vie et / ou faire gonfler son compte bancaire. Même n'ayant pas de l'argent, les mesures nécessaires sont déjà prises pour les emprunts rapides à des taux d'intérêts aveugles.

6 Une Observation Approfondie Sur Les Méthodes D'utilisation Des Pouvoirs Mystiques

Des Charmes: Nous connaissons le charme pour être l'une des plus anciennes magies de l'existence humaine depuis la création de l'homme jusqu' aux écrits bibliques. Nous avons vu et entendu la lumière combattre et dénoncer le charme comme un instrument diabolique.

Pourtant, cela n'a pas empêché sa croissance jusqu'à nos jours, où tous ont été fièrement portés à la notion de rigueur telle que recommandée par la mode: «Gagner de l'argent par tous les moyens est nécessaire ».

Les zones à risques incluent le monde dans sa globalité ; car la magie a été importée dans plusieurs nations à travers le monde comme cela a été le cas avec l'Europe et l'Amérique, chefs importateurs d'antiquités.

Récoltant toutes sortes de fétiches (statues, momies, objets de haute croyance et valeur spirituelle) par-delà le monde entier en particulier, d'Afrique, et d'Asie. Ceci va de pair avec la théorie selon laquelle chaque fétiche déplacé reste attaché à un égrégore lié au lieu de confection et sitôt emporté va avec. Les charmes sont de différentes dimensions et commandent selon ce qui rentre dans leur confection tels les fragments d'êtres humains ou d'animaux, de caméléons et d'autres variétés rares.

Avec les fortes puissances diaboliques pour captiver votre esprit en proférant n'importe quelles insanités, peu important la distance. Le seul moyen dynamique de s'en protéger reste la prière.

Sorcier guérisseur: Il est l''intermédiaire, qui parle, dort, marche et va en astral avec les esprits. Il connaît et a toutes les possibilités d'observer la cible. Leur sanctuaire porte toujours des tissus rouges et statues ainsi que des encens de toutes sortes et des décorations. Et il a la capacité d'un diseur d'oracles ou de bonnes aventures (devin, voyant... .)

Il utilise toutes les informations qui ont été données bêtement par la victime au moment de le " cuire " au point de lui faire croire aveuglément tout ce qui sera dit et demandé de lui. Il fonctionne sur des bases normales de pourcentage selon que l'accord donne naissance à des dollars prévisibles.

C'est une raison de plus, et c'est pourquoi à un certain moment de la transaction, peu importe ce qui se dit ou est dit à la victime d'une escroquerie, elle ne croira jamais jusqu'à ce que les concoctions aient atteint leur summum, celui de la mener à la ruine.

Des individus parfois sous cette emprise à des moments font des emprunts auprès de leurs banques, amis, parents etc. inconsciemment. Cela est très dangereux et la mort peut être le dernier résultat des fois.

Occultisme: C'est le plus haut niveau de magie et le pire fétichisme utilisé sur un individu puisque tous les adeptes sont dotés du pouvoir d'invoquer, discuter et vivre avec les esprits qu'ils commandent. Sous d'autres cieux, ceci est appelé rituel d'argent le plus dangereux des jeux diaboliques car tout esprit invoqué doit effectuer la tâche ou boomerang !

Pendant que le monde fait tout pour avoir capacité à sensibiliser, les fraudeurs se rassemblent et se consacrent plus à l'adoration de Satan pour atteindre leur but en s'engageant pour la spiritualité.

Étant le père de la destruction, du mensonge, des douleurs, du vol et de la mort, Satan accorde plus de crédit à ce sale jeu et nous savons que, tout ce qui va avec l'occultisme va de pair avec des sacrifices humains de tous types (le suicide, la mort mystérieuse, la folie, maladies etc.)

Ces sectes attirent en majorité des jeunes, des étudiants, des femmes audacieuses, des hommes et des personnalités haut placées du pays. Représenter seulement les avantages et cacher le retour de Satan pour son dû, telle est leur mission.

Raison pour laquelle les gourous sont toujours sans crainte, parce qu'ils connaissent leur sécurité, car la fraternité stipule que l'aide à un frère en danger est obligatoire, si vous êtes en position de le faire.

Ce ne serait pas surprenant si un appel téléphonique vient de la présidence pour libérer un prisonnier. Beaucoup concluront ici que ces saletés sont des manœuvres des gouvernements extrémistes car qui parle d'extrémisme parle de tout gouvernement sur terre car aucun n'a les mains propres (*services secrets*).

S'il vous plaît faites attention. Priez souvent et demeurez dans la méditation afin que ces choses vous soient épargnées. Il s'agit d'un niveau au-delà de la manipulation humaine et ce n'est que l'esprit de Dieu qui peut vraiment vous en épargner.

7 **Motivations**

Plusieurs raisons farfelues nous poussent à comparer les raisons pour lesquelles la cyber arnaque est pratiquée. Comme précédemment dit, avec qui, quoi, où, quand, pourquoi et comment étant très important, notamment en termes de continent, pays, région, culture, éducation, religion, sexe et race. Mais une chose, les lie tous : L'ARGENT FACILE

Nous allons maintenant voir comment leurs motivations évoluent.

1. Meurent riche ou crèvent
Il va de soi que "tous rêvent un jour d'une vie meilleure »et l'arnaque cybernétique devient leur moyen de parvenir à l'Eldorado, leur rêve.

En faisant glisser la proie en lui faisant croire à une activité lucrative. Un accord succulent qui va changer sa vie à vie, Lui donner le pouvoir de limoger son patron sans aucun regret. Bien que l'objectif doive être assuré de celui-ci, la certitude s'accompagne parfois de documents fictifs.

Ainsi, la ruse permet de convaincre la victime de son authenticité, la rendant plus valide en lui demandant des informations de base à savoir le nom de sa banque, son adresse, son numéro de sécurité, ses documents juridiques ou l'un d'eux ; transaction dans laquelle il devient le premier succès du cyber arnaque et une erreur monumentale pour la victime qui ouvre ainsi la voie pour l'escroquerie.

Deuxièmement, un lavage de cerveau permet à la victime de se voir comme le contributeur initial pour le projet en donnant une avance d'honoraires parfois d'une valeur de centaines de milliers de dollars, selon les chiffres avancés pour le projet.

Tout cela au nom de lui faire croire en une théorie élévatrice provoquant une transe au cours de laquelle il ne voit que des billets de banque flottants.

2. **Pour gagner sa vie**

Ceci est très fréquent en particulier avec les escrocs de pays pauvres comme le Nigeria, le Cameroun, la Côte-d'Ivoire, le Bénin, la Jamaïque, l'Ukraine etc., où sévit un étranglement économique avec des emplois peu ou pas disponibles, des frustrations et un avenir sombre au rendez-vous. Initialement, certains s'y adonnaient pour aider leur famille élargie, comme dans les cas notoires d'Afrique et des nations très pauvres.

3. **Pour être respecté**

Nous connaissons tous le pouvoir de l'argent ; il impose une sorte de force sur le peuple. Et étant donné qu'il n'y a pas d'odeur susceptible de nous permettre d'en filer la trace et d'en posséder tous, Nous vivons aujourd'hui une époque où «l'argent fait et défait le monde". Les gens veulent avoir leur propre morceau du gâteau, peu importe les méthodes utilisées. Respectons-la tout simplement afin d'obtenir notre morceau de l'or, après tout, nous sommes tous fatigués de cette vie de pauvreté.

4. Pour augmenter la puissance de séduction
Plus vous êtes économiquement puissant, plus vôtre côte de popularité est grande et plus vôtre renommée grandit votre CV. Ainsi verrez-vous des femmes et des hommes rôder autour de vous. Même la religieuse nouvellement recrutée au couvent désirera obtenir un morceau de vous.

5. Pour être considéré comme un don dans leur milieu
C'est l'apogée de la puissance, La force de la répression, la capacité de nuire ou de changer le cours des choses, tuer pour s'en sortir si besoin est. La toute-puissance à faire peur ou à influencer l'autorité locale, l'emmener à se prosterner devant vous dans la quête d'une faveur. Peur! Relations! Règne!

6. Le contexte culturel, régional éducatif
Il va de pair avec la région de naissance ou de croissance et les pratiques culturelles. Dans certaines zones, des formes particulières de malhonnêteté sont très bien acceptées et considérées comme un mode de vie.

Ceci est très fréquent dans les pays pauvres ou les régions où la mendicité, l'arnaque, le trafic de drogue, les pédophiles, la chasse à l'homme et les business de la prostitution sont à l'ordre du jour. Avec la venue de l'arnaque cybernétique, tout sonne comme une bonne affaire dans cette liste hideuse.

7. **Des fonds faciles**

Pour recevoir des fonds avec peu ou pas d'effort à des moments suivis de zéro nécessité de codes ou de numéro de sécurité ou les cartes d'identité, même pour faire le retrait. L'essentiel du besoin est d'avoir les noms de la personne et le tour est joué.

8. **La cupidité massive des étrangers**

Il y a cette notion répandue selon laquelle, les étrangers en particulier ceux du monde capitaliste ne donnent jamais pour rien. Ou s'ils doivent donner il y a un objectif secondaire en arrière-plan, notamment en attaquant les États faibles pour prendre contrôle de leurs richesses et gouvernements, en tirant profit des émeutes et autres problèmes internes ; provoquant une lourde haine et l'envie de contre-attaquer, en regardant constamment la classification des états plus riches du monde en termes de richesse, de l'industrialisation et de la domination (G20, etc.), tout sonne bien!

Et nous devons avoir notre propre part du gâteau par les mêmes moyens, la force ou même le désordre. Et la seule façon de l'obtenir est de parler de l'argent en le faisant paraître grand, facile et pas cher, car on ne trouve que de l'argent dans leurs esprits. Et aujourd'hui, cette méthode s'est avérée très fructueuse et enrichissante.

Les arnaqueurs des pays développés ont une façon plus complexe et plus douce de mener leur escroquerie. Ils arnaquent tout le monde, mais insistent beaucoup plus au niveau des citoyens ou des nations de la même puissance économique.

Ils font usage de problèmes réels pour arnaquer en ligne. C'est par le travail à domicile, les systèmes de régimes de perte de poids, des systèmes de loterie, les systèmes de répartition de produits informatiques, l'achat d'un logement, etc.

8 Où Et Comment Les Victimes Sont Contactées

Savoir où et comment les victimes sont contactées pour en faire l'objet de leur traque quotidienne. De nombreuses formes sont inventées quotidiennement pour arnaquer, faisant de ce fait des perdants.

i) Les renvois. (par un ami, parent, voisin, collègue, haineux avec des indices vitaux à la personne)

ii) De téléphone mobile via SMS (Short Message Service)

iii) Chatrooms

iv) Sur la base de mises à jour Magazine d'affaires et d'économie

v) Téléphone

vi) Télécopieur

vii) Courrier / post / mail

viii) La ligne d'appel Internet (VOIP)

9 **Façons D'activer Ce Système**

Il y a deux façons d'activer ce dispositif sur Internet. La première est ce que nous allons nommer " de la victime à l'escroc" et le second et le plus populaire, est "de l'escroc à la victime".

1) De la victime à l'escroc

Cette forme de cyber escroquerie est généralement provoquée par une future proie. Ce que nous entendons par là, c'est que quand une personne développe l'intérêt d'acheter une chose via internet fusse-t-elle de toute nature, un animal de compagnie, une maison, un objet d'une valeur élevée, elle se doit de consulter un site web avec affichage ADS libre. C'est donc là qu'il se retrouve dans les griffes bien acérées d'escrocs se passant pour de parfaits magnats des affaires.

Dans cet état d'esprit, le plus souvent l'acheteur développe peu ou pas de prudence et ne se rend pas compte qu'il fait peut être face à un escroc. Et généralement, avec une langue peu discursive, n'évoquant que peu de soupçons il se jette par-là lui-même d'un grand saut dans le filet de la ruse car toutes les informations qui lui sont réclamées à son sujet, il les remet sans se rendre compte qu'il est dans l'étau d'un cyber arnaqueur.

2) De l'escroc à la victime

C'est la forme la plus populaire et ravageuse d'arnaque cybernétique. Aussi longtemps que les gens n'auront pas la décence de se demander pourquoi ils ont été incités à croire qu'ils sont distingués de la population à partager les bénéfices exceptionnels de plusieurs millions de dollars pour n'avoir totalement rien fait, les fraudeurs continueront à monter sur leurs grands chevaux vêtus de robes de prince et des rois.

Ici, l'escroc joue un entreprenant rôle de transformateur approprié, par exemple, un acheteur, un vendeur, un philanthrope, le clergé, l'église, une veuve etc. afin de parvenir à amadouer sa victime. De prime à bord, avec le caractère confidentiel de la transaction hautement soulignée feignant dans presque tous les cas, un sentiment d'urgence pouvant conduire à la révélation de toute information sur vous-même.

C'est le nom de votre banque, votre numéro de compte bancaire, votre adresse personnelle, votre numéro de sécurité et une avance de multiples frais à titre d'honoraires, sollicités pour le traitement de la transaction relative au dernier envoi vous préparant innocemment pour vos funérailles.

10 Fréquentes Disputes Entre Les Cybers Fraudeurs Et La Façon Dont Ils Les Règlent

A)   Des litiges fréquents.

La plupart de ces problèmes proviennent de l'arnaque de groupe, où une grande partie du travail, de l'argent et de la stratégie sont investis. Un arnaqueur solitaire est loin d'avoir tout démêlé avec son confrère. Les principales causes qui provoquent des problèmes entre les arnaqueurs sont la trahison, le chantage, les problèmes de pourcentage, la jalousie et les coups-bas.

i) La trahison

Cela peut prendre la forme d'une menace dans le groupe rival. Tenir l'un des membres ou des membres de l'autre groupe sous otage, quand une entente très lucrative est à portée de main.

Ou monter une pression de la police, pour faire agir la taupe et l'emmener à révéler les grands projets sous la menace d'emprisonnement ou de réduction de peine en cour de justice en raison de sa coopération.

Ainsi, ce qui l'oblige à fournir des informations qui peuvent conduire au compromis de la transaction. La trahison peut encore survenir sous forme de vengeance parmi les membres mécontents ou les membres qui préfèrent tout détruire, même à leur propre détriment.

ii) Le chantage

Comme dans tout domaine, nous connaissons tous des personnes à qui on doit toujours faire du chantage pour se maintenir à leur statut ou s'arrimer à la norme, ceci aussi bien dans le monde de l'escroquerie. Encore une fois, ces choses ne fonctionnent qu'avec deux ou plusieurs personnes qui travaillent ensemble.

Et d'après les dire, le chantage ne peut être effectif que lorsque votre rival a une maîtrise de vos secrets les plus ardents ; une mauvaise image pour la renommée du groupe. Il peut être un membre ayant une affaire avec la femme d'un autre membre, sœur, enfant, etc. des relations qui vont à l'encontre des lois et valeurs du groupe.

On peut utiliser ces informations pour extorquer de l'argent ou influencer l'autre, ceci à des fins pas très appropriées, ce qui en fait un problème très pertinent pour lui.

iii) Désaccords au sujet des pourcentages

Nous savons que le monde est bondé de gens en qui nous ne pourrons jamais faire confiance ou avoir foi quand il s'agit de l'argent. Même face à des pourcentages indiqués comme parts de l'accord, il faudra toujours trouver des moyens de déjouer les choses à la fin.

En conséquence, les fraudeurs souffrent toujours de problèmes de coups-bas, soit à partir de la complicité d'un ou deux membres pour duper les autres ou d'une personne à duper toute la ligue.

D'autres le font et restent sur place sachant qu'ils sont intouchables en raison de leurs palmarès criminel, dans le cas des personnes qui ont osé s'opposer à leurs actions, en particulier dans les affaires hautement lucratives qui ont été couronnées de succès.

Ils voient en cela une opportunité pour devenir puissamment riche et se retirer dans un autre pays, un état ou une ville lointaine, transférant tout leur labeur dans leur compte personnel, après tout, tout n'est qu'un jeu de malhonnêteté.

iv) La jalousie

C'est toujours une arme très dangereuse dans le monde de la criminalité. Être du corps qui ne s'enrichit qu'au détriment des personnes authentiques ne témoigne en rien d'un esprit saint dans leur milieu. Toutes sortes de ressentiments mauvais sont toujours autour d'eux.

Commençant par la jalousie de la réussite de l'autre, alors une possible mise en place pour en finir avec vous ou avec ce corps de fraudeurs est envisagée.

Parfois, le nettoyage peut se faire sans la notion directe du groupe, c'est là que les tendances de sécurité du groupe deviennent très vitales et que tout est mis en œuvre pour savoir où le bug est en conception et malheur à vous, lors de sa découverte.

B) <u>Comment ils règlent leurs comptes.</u>

La plupart de leurs différends sont réglés de plusieurs façons en fonction des zones d'opération et des tendances de la cyber arnaque. C'est à l'amiable, par des compensations ou par la violence.

i) A l'amiable

Une réunion est tenue avec les deux clans par un chef de file très réputé de la ligue des arnaqueurs, pour amener à une trêve et éviter toute effusion de sang. Cette rencontre est habituellement suivie par une pénalité infligée à l'auteur de la dispute, et tous se doivent d'obéir sans aucune protestation.

Une autre option peut être celle où le fautif va rencontrer le clan adverse pour un accord pacifique et régler le différend sans avoir recours à des coups de feu ou des couvre-feux.

Le plus souvent qu'autrement, il est très rare que l'on en vienne à cela, parce que personne ne vous pardonnera sitôt, si vous avez osé, avec des intentions meurtrières de poignarder dans le dos.

Sachant très bien que tous sont loin d'être des enfants de chœur, car ils vivent tous de la pratique du mal. Pas du tout. Pour une fois tenté, à coup sûr, on recommencera. Protégez votre dos, se disent- ils tous.

ii) La rémunération

Habituellement en compensant l'autre pour l'offense faite, elle aide à calmer les tensions, et à les éviter à l'avenir. Cela peut être sous la forme d'argent, ou une proposition de pourcentage dans l'accord à portée de main.

Car le plus à gagner est à venir ; il faut donc cesser la guerre plutôt que de persister, car elle ne contribuerait qu'à plus de haine et de possibles affrontements sanglants.

Après tout, ils appartiennent à une même république autant mieux partager également la même citoyenneté.

iii) La violence

C'est la forme la plus utilisée pour régler leurs problèmes. Pouvez-vous compter le nombre de fois, quand vous allumez votre poste de télévision, que vous entendez aux dernières nouvelles des coups de feu entre bandes rivales de votre quartier ou d'ailleurs? Plusieurs fois n'est-ce-pas?

Mais juste que dans ce milieu, on fait beaucoup usage de tueur à gages pour procéder à des éradications.

Ça peut être par une voiture piégée, une bombe dans la résidence, le meurtre d'un membre de la famille par le biais d'enlèvement, le dépôt de preuves de vos sales affaires à la police, des coups de feu par snipers, etc.

11 Comment Sont-Ils Organises

Pour avoir une compréhension approfondie, nous allons voir comment ils sont regroupés:

L'arnaqueur solitaire.

Cette forme d'arnaque concerne tout individu qui fait cette pratique par des moyens malhonnêtes et de façon individuelle; par une utilisation des outils propres et de l'intelligence pour faire tomber sa cible. Habile n'est-ce pas? Il est presque un métamorphite puissant. Et par toutes les configurations, il l'est.

Il peut passer même vingt heures par jour devant son ordinateur. Nul n'est reconnu meilleur utilisateur des web bots qu'eux. Ils sont notamment connus au Nigeria comme des **YAHOO BOYS** acceptant d'être « emprisonnés » dans des cybers cafés jusqu'à l'aube juste dans l'optique de booster leur industrie et de multiplier les victimes.

Le duo d'arnaqueurs.

C'est peut être deux hommes ou deux femmes ou un duo d'un homme et d'une femme. Ou Dans certains cas, une femme et son mari ou son amoureux. L'un est toujours plus spécialisé dans quelque chose que l'autre maitrise peu ou pas du tout. Alors, ils se résument à allier leurs meilleures moitiés. Ainsi, le bon fonctionnement du système est assuré.

Les arnaqueurs à gages.

Tout comme une personne est payée pour tuer quelqu'un ou faire un travail, aussi les arnaqueurs sont embauchés pour arnaquer quelqu'un en ligne, avec toutes les informations de base fournies par le client. A des moments il peut s'agir d'un ancien employé mécontent, d'un ami jaloux, d'une connaissance qui a toutes les indices pour vous nuire.

Il peut également s'agir d'une personne qui a travaillé dans les points stratégiques de l'entreprise ou au bureau du gouvernement et qui dispose de tous les accès à des domaines sensibles, des codes de retrait, des numéros de sécurité, et qui voulant rester propre, préfère embaucher des cyber-escrocs afin de pirater le système. Comme le dit le vieil adage, « le mal ne vient jamais de si loin ».

La famille d'arnaqueurs.

Ici il est question d'une famille, où tous les frères et sœurs sont impliqués, les parents aussi quelquefois, comme complices, chacun ayant un rôle dynamique à jouer. L'un répondant aux appels téléphoniques avec des voix multiples, l'autre apportant des réponses aux e-mails, et faisant les encaissements financiers et le retrait d'argent en agence. Choses pas très courantes dans cette industrie d'escroquerie.

Arnaqueurs délinquants.

Cette forme fait appel ou implique les délinquants endurcis des banlieues de qui tout le monde a peur et respecte à la fois. Ne jamais tenter de les dévoiler à la police si vous tenez à vos jours et ceux de votre famille. Ce sont généralement des amis d'enfance, le plus souvent résolus à faire le mal.

Les élèves des collèges et des universités.

Ce sont les groupes d'arnaqueurs les plus dangereux. Parce qu'ils voient l'escroquerie comme une façon de gagner de la notoriété parmi les amis et être très respecté. Et ils le font encore et encore de façon étourdie en dépit du risque mortel qu'ils encourent, pour maintenir leur statut et leur niveau de vie.

Les arnaqueurs notoires du campus se comportent toujours comme des membres d'un groupe occulte car ils se déplacent ensemble; tiennent des réunions à des heures indues de la nuit, dans leur attitude grotesque de seigneurs pour éveiller un soupçon. Car les universités ont toujours été comme un siège d'initiation aux sectes majeures et mineures qui règnent dans le monde aujourd'hui.

Les arnaqueurs nomades ou inter régionaux.

Ils sont tout aussi connus, que les cybers arnaqueurs par zone. Ils se déplacent d'un cybercafé à l'autre de différentes régions ou Etats. Chaque proie engendrée, dans un seul secteur ou dans une ville est choisie d'un centre spécifique connecté à internet pour le crime et sitôt achevé avec la victime, il change de région. Dans ce jeu, vous ne saurez jamais leur position terrestre ou leur adresse IP exacte.

C'est pour dissimuler l'idée d'un serveur d'adressage et une ruse pour se masquer et éviter toute forme de Tracker de l'interne ou du monde extérieur.

Ils pratiquent aussi cette forme d'arnaque afin de déjouer la police locale, si jamais ils sont déjà dans la liste des recherchés ou les plus recherchés dans le pays.

L'arnaque intellectuelle de groupe.

Gentlemen à zéro suspicion et les hommes d'affaires à temps plein. Pour connaître et comprendre davantage ce qu'on dit dans cette partie, regardez le film ' Ocean Eleven','Ocean Twelve', 'Ocean Thirteen'.

Les hommes d'affaires les plus propres et tirés à quatre épingles de la ville, qui habituellement sont durs et ne vont pas en cachette, mais sortent gaillardement avec tous les documents et l'allure qui montre les moyens et les possibilités de faire des affaires alors que de l'intérieur ils ne sont que des imposteurs. Des diables masqués avec contacts étendus pour vous mener par l'erreur dans un piège à leur propre avantage. Ils prennent souvent la peine de masquer leur lourd passé criminel.

Les gourous intouchables.

Ce sont des escrocs de premier ordre et des arnaqueurs par lesquels beaucoup d'argent est impliqué, avec des montants suivis de six zéros investis. Profitant de la sécurité et de la garantie de hauts responsables du gouvernement.

Littéralement, ce qui en fait une affaire d'État, lorsqu'il y a entrave.

Avec leurs pourcentages à percevoir lorsque le deal est un succès. C'est pourquoi l'arnaque impliquera toujours la capture des mineures et les gros poissons continueront de régner dans cette merveille du régime de malhonnêteté. Il s'agit du plus haut réseau d'arnaque, où tout a sa place et est bien structuré. Avec peu ou pas de frayeur dans leurs efforts, les véritables arnaqueurs d'état.

Ici les individus sont recrutés sous l'avis de talents particuliers à duper et à manipuler, dans leur domaine d'expertise malhonnête, parfois avec sympathie ou antipathie. Particulièrement ceux qui ont travaillé à des postes élevés ou stratégiques de leur pays et ont des notions générales sur les personnes ou les sociétés avec lesquelles ils vont être en contact.

Dans la plupart des cas, l'organisation peut aller aussi loin que de sortir un criminel endurcis de prison pour lui trouver un emploi particulier, si seulement c'est nécessaire pour atteindre leur but.

C'est là que le rôle des représentants du gouvernement devient vital et apparent.

Pour mettre un terme à ce type d'organisation, il a toujours exigé un remplacement du gouvernement ou un coup d'État et il est plus vite dissout qu'il ne revient à la vie. Parce que c'est une entreprise très lucrative et en tant que telle, les victimes sont toujours là pour faire tomber des dollars par millions.

12 Les Arnaqueurs Définis Et Non-Définis

A) Les arnaqueurs définis ou discriminatoires : à ce niveau nous avons des escrocs qui ont une cible particulière comme objectif. C'est-à-dire que leur zone de préférence peut être choisie selon leurs envies. Il peut s'agir de l'Occident et le monde arabe ou seulement de l'Europe et de l'Amérique.

D'autres pourraient choisir n'importe qui en dehors de leurs citoyens, etc.

B) Les arnaqueurs sans discrimination ou arnaqueurs indéfinis : Ces personnes-là sont sans cœurs et très diaboliques, toujours en cavale solitaire. Ce sont les plus cruels dans l'industrie. Ils voient en tout individu une proie potentielle, que ce soit un voisin, un ami, une personne de la tribu, un parent, un concitoyen ou un étranger, tous ceux–ci sont les mêmes en face d'eux.

Ceux qui pratiquent cette forme d'arnaque sont toujours les premiers à mourir étrangement dans cette industrie et tout le monde s'en fou d'eux, car dans la plupart des esprits plus près d'eux, ils sont toujours enterrés avant leur véritable enterrement. Parce que la maison reste la maison et aucune personne ne peut déroger aux normes de la maison sans écoper d'une malédiction certaine. D'où la conclusion suivant " l'art de l'escroquerie avale les siens "

Les différents types de paiements
Il existe deux types de frais à payer (advanced fees ou up-front fees). Le premier et unique paiement pour des petites transactions, c'est là que la proie est aspirée une fois pour toutes. Le paiement à versements multiples, où la proie peut se retrouver avec près d'un million de dollars de dépense ou plus. Ceci se fait petit à petit au fur et à mesure des raisons avancées.

1) Le premier et unique paiement.

Ce genre de malice qui implique le paiement des frais en une seule tranche est surtout commun aux arnaqueurs offrant des opportunités d'emplois, la location d'une maison pour des vacances, la loterie, l'achat d'animaux, l'achat de produits ou d'outils, etc., tout cela en ligne. Il est toujours composé de très petits montants.

2) Le paiement à versements multiples.

C'est le grand style de l'arnaque. Classé comme le niveau le plus élevé dans l'industrie de la cyber arnaque. Le plus souvent géré par une équipe d'escrocs expérimentés, avec une force inimaginable d'attraction dans leur détermination, chacun ayant un dossier criminel nourri. Parallèlement avec un génie de l'informatique classé major qui peut pirater n'importe quel système informatique, particulièrement celui relatif aux banques.

Ici, il y a toujours urgence; de nombreux documents officiels, la confidentialité soulignée, et les appels téléphoniques en ligne avec des numéros commençant toujours par 006, 007, 008, 00228 et multiples trafics de voix ou d'accents dans leur agenda etc. Ceci couplé à de l'argent provenant de l'héritage, des ventes de pétrole brut pas cher, le transfert de millions d'une zone de dépôt à l'autre, bla bla bla. Avec chaque transaction s'en suit des frais à l'avance liés à la fiscalité, les frais de timbres à payer à l'avance, paiement à l'avance des frais de corruption, les frais de déplacement, une avance et ainsi de suite. Parallèlement, ayant pris tous les documents et informations vitales vous concernant sous prétexte que c'est la procédure et enfin tout se termine dans le cyclone infernal de rien et de ruine pour la proie et une victoire à temps plein pour l'escroc.

13 Des Echantillons De Types Des Frais Exiges

A cette hauteur, il ne fait aucun doute que vous êtes devenu l'épine dorsale de l'affaire, que tous les frais ou taxes qui menacent le déplacement de fonds supposés, deviennent votre préoccupation première de là jusqu'à la fin ou vous devenez le grand perdant d'un accord qui aura prétendu vouloir changer votre vie et celle de ceux qui vous entourent.

Encre marquée avec des langages comme, "ça va être beau, il est le dernier à l'ordre du jour, que nous avons fini avec elle à la fin", mais à la page suivante se trouve un autre frais inattendu demandé et qui vient à nouveau sous forme d'une torsion cruciale, avec plus de secousses que l'autre. Et c'est ce qui se passe pendant des semaines et des mois et là, la personne victime devient très certaine qu'il ou elle ne verra jamais toute l'économie appartenant à la soi-disant entente de transfert de fonds.

Ce qui en fait, est l'objectif principal de l'arnaqueur. Et comme l'arnaque a été un plein succès il peut se reposer ou voyager d'un pays à l'autre ou même dans le pays de la personne victime de l'arnaque en utilisant des entêtes de papier à lettres et documents juridiques donnés par la victime pour lui permettre d'obtenir un visa. Il est toujours très pitoyable de voir comment les gens de haute intelligence et d'une puissance à tout rompre sont pris à ce jeu de dupes par des gars qui sont juste simplement intelligents et incultes pour les mœurs. Certains modèles sont :

1. Frais de contrat ;

2. Frais d'exportation ou d'assurance (argent en toute sécurité destinés à des comptes bancaires étrangers).

3. Honoraires du procureur ou des avocats.

4. Les frais de transaction.

5. Frais de stockage ou de libération par une entreprise de sécurité .

6. Frais de communication.

7. Les frais de licences ou d'enregistrement.

8. Les frais d'avance ou avance de frais.

9. Impôts sur le transfert, les obligations de performance .

10. Frais de Certificat de lutte contre le terrorisme.

11. Frais d'ordonnément .

12. Frais d'exonération de taxe sanitaire.

13. Frais de corruption, etc.

14 Ou Et Pourquoi Les Cybers Arnaqueurs Choisissent De Résider

Les facteurs qui influencent où et pourquoi les cybers arnaqueurs agissent peut être décomposé en différentes structures (urbanisation) de gros développement : le développement technologique, développement sécuritaire, raisons scolaires, raisons nationales et internationales.

1. Raisons d'urbanisation: Il est très évident que partout où naît le développement urbain, toutes sortes d'activités seront à leur portée. Le bon, le laid et le mauvais. La plupart des arnaqueurs y résident à cause d'une accessibilité facile. Et plus particulièrement d'être près des banques internationales, des compagnies de change, des coopératives, des aéroports, ambassades, etc.

2. Raisons technologiques: Là où la technologie est disponible, c'est-à-dire une connexion Internet assez stable, une ligne téléphonique avec numéro masqué, les raisons sont assez bonnes pour les arnaqueurs d'être là. Car l'arnaque cybernétique va de pair avec la stabilité d'une ligne internet à haut débit.

Ceci la plupart du temps est appliqué avec les arnaqueurs des pays sous-développés.

Contrairement à ceux des pays développés ou l'accès à internet est facile et favorisé.

3. Des raisons de sécurité: Cette entreprise a atteint un point où, des mesures sérieuses ont été prises par divers gouvernements et organismes internationaux pour la combattre, en particulier dans le continent Américain, où des États souffrent beaucoup de ce fléau générant des pertes de près de trois milliards de dollars par an, dissipés dans les poches de ces escrocs.

Les cybers arnaqueurs ont tous leurs accessoires ; c'est avec un ordinateur portable et une bonne connectivité qu'ils préfèrent se déplacer d'une région à l'autre par crainte d'être pris. La plupart du temps, ceci est commun aux arnaqueurs solitaires ou ceux qui ont peu de supports financiers pour protéger leurs arrières.

Une autre raison pour laquelle ils sont amenés à se déplacer d'un endroit à un autre est d'échapper à une poursuite ou un traçage permanent d'adresse IP dans une seule région ou d'un cyber à un autre. Cela contribue à déstabiliser les enquêteurs utilisant toute forme de support pour les saisir.

4. Raisons de scolarisation: Étant une entreprise de facilité et de gloire, les générations futures pour la plupart sont profondément séduites par ce régime, en particulier les étudiants des universités. Beaucoup s'impliquent dans cette ruse, pour se faire de l'argent rapidement, impressionner et se faire respecter. Particulièrement dans les pays où subsiste la pauvreté, le taux de chômage élevé ; l'atterrissage dans cette entreprise est une préparation pour une future carrière lucrative.

5. Raisons de Parrainage : Le parrain est le meneur et à jamais l'instigateur et encore le seul chez qui l'on se ressource, on s'abrite, quand les choses vont mal. Il dispose à la fois de tous les contacts principaux des seigneurs de l'arnaque et des autres responsables gouvernementaux répertoriés durant toutes ces années de pratiques informelles. C'est celui à qui l'on fait appel, car dans ce domaine, vous pouvez être obligé d'être redevable à jamais à une personne.

Que vous soyez un homme propre ou non. Tant que vous avez été sauvé des griffes du lion, vous devez vous plier. Mode courant pour les arnaqueurs solitaires ou les groupes d'arnaqueurs en pleine croissance, qui font ainsi du parrain un salarié à temps plein bourré de commissions.

6. Raisons nationales: Ce domaine est plus à voir avec les gourous, ayant beaucoup de moyens et de connexions avec les responsables gouvernementaux impliqués dans le jeu, et jouant les parrains, dans ce qui est connu sous le nom de CYBERCRIMINALITE ORGANISÉE. Ils se trouvent partout où besoin peut-être pour améliorer le système, parce qu'ils ont eu les moyens et visent de plus gros moyens.

Ils sont connus pour se retrouver dans le type d'arnaque liée à l'entreprenariat. « Il y a des raffineries de pétrole présentes dans cette zone, et nous en sommes les gestionnaires et le siège dans la capitale est notre base » sorte de langage ! Avec des complices disséminés partout dans la nation, et même à l'extérieur se prévalant d'être une succursale   pour la banque avec laquelle on est présumé être en affaire, juste pour authentifier l'arnaque.

Cette escroquerie est normalement assez sophistiquée et extrêmement bien exécutée. L'objectif principal est de mener la proie à la source et de mettre en jeu toute une scène constitutive de faux représentants du gouvernement avec des bureaux fabriqués dans les édifices gouvernementaux légitimes. Avec des en-têtes de documents gouvernementaux et de vrais timbres sur le menu, ceci prouve clairement que quelqu'un au sein du gouvernement est en train d'aider les gars pour un meilleur pourcentage.

15 Comment Dépensent-Ils Leur Argent

Il est très drôle ici de savoir comment les arnaqueurs utilisent ou gaspillent leur argent malhonnêtement gagné. Cela ne reflète pas nécessairement la façon dont ils l'ont acquis. Très peu utilisent le leur à bon escient. Et pour ceux qui le font, près de trois quart de leurs investissements ne portent pas leurs noms.

Ils sont soit sous le nom de l'enfant, la mère, la sœur, le frère ou une personne de confiance. Comme nous les combattons, aussi se battent-ils pour le blanchiment d'argent. Mais tous ceux-ci viennent à la vie avec des convictions personnelles et des désirs quotidiens.

a) Les actifs. Au moins trois quart des escrocs n'investissent pas dans des actifs. Ils achètent des terrains et des maisons par ci par là. Qui plus tard sont mis en location, ou revendus après réfection. Selon le montant détenu à portée de main. Comme sus- mentionné, la plupart de leurs actifs ne sont généralement pas en leurs noms personnels, par crainte de représailles dans l'avenir. Ou s'ils veulent prendre le risque, ils partagent la propriété avec une autre personne. Ainsi la possibilité pour l'autre de le poignarder dans le dos devient pratiquement impossible.

b) Les banques. Un arnaqueur peut avoir plus de vingt comptes en banque domiciliés au pays et à l'étranger. Les raisons sont très simples. Il s'agit d'éviter toute suspicion. Pour rendre cela encore plus concret, le compte s'établit en alliance avec une personne de leur choix et de confiance, de sorte que l'argent ne saurait être pris à l'insu de l'autre. Plus précisément le patron.

Quand il réussit à duper quatre millions de dollars, par exemple, la meilleure façon d'éviter les interrogatoires est de les renflouer dans vingt comptes. Ou directement de virer l'argent dans un compte anonyme à l'étranger. Peut-être dans des pays comme le Singapour qui n'a jamais mis en doute la provenance de l'argent d'un client, mais se félicite de tout.

c) Des affaires. Avec l'argent premièrement engendré des affaires en général une petite affaire est montée pour le couvrir comme homme d'affaires. Cela peut être un restaurant, un bar, une boutique, un prêt–à-porter ou une propriété multiple.

À certains moments, les arrière-cours de ces coins leur servent de pentagone à rédiger leur stratagème à venir. Il convient de noter que ces gars-là sont toujours les premiers à être réglo dans leurs impôts et tous les documents légaux requis par le gouvernement pour toute forme d'entreprise locale.

d) Les fêtes. Pour ceux qui en quelque sorte sont nouveaux dans l'entreprise, les meilleurs moyens les plus privilégiés de dépenser leur argent est de l'exhiber. Ils se distinguent par des aptitudes à dépenser, toujours vêtus de façon autoritaire, arborant les coutures les plus chics du marché, emballés par les femmes les plus classe du moment.

En organisant ou en allant à des fêtes somptueuses où ils siègent sur les plus hautes tables et commandent les champagnes les plus chers. Prenons par exemple, chaque fois que vous avez l'occasion, passez dans un club ou une fête et vous en serez témoin. Notamment en Afrique de l'Ouest ou en Europe ; soyez juste vigilants ! Et restez sur vos gardes.

e) Le jeu. Comme l'escroquerie à l'ancienne, il s'agit de tromper votre proie physiquement ; l'ordinateur les a aidés seulement à mieux les masquer mais n'a pas changé leurs habitudes les plus macabres. Comme le diable vous donne si facilement, aussi, trouverait- il un autre moyen pour vous aider à dilapider rapidement et revenir à la recherche immédiate. Ce qui peut parfois prouver votre dernière tentative et un bon exemple de cette forme de gaspillage est l'amour des paris, des casinos ou n'importe où et n'importe quoi qui le définit.

f) De la famille. De toute évidence, ils dépensent leur argent avec leur famille. En offrant une vie confortable à leur conjoint et les enfants dans une famille d'apparence totalement moderne. La femme s'habille à la mode avec des bijoux au goût du jour, tout ce qu'elle a et touche est suivi par un prix spécial dans les magasins.

De même, les enfants, car ils vont dans des écoles très chères accompagnés par un chauffeur et un garde du corps bien bâti si besoin est. Dans la plupart des cas, ils sont les premiers à avoir tous les derniers accessoires électroniques sur le marché. Avec vacances ici et là, à la fois au pays et à l'étranger; en un mot, une pure vie de luxe.

Dans certains cas, comme dans les zones très pauvres, ces gars viennent en aide à certains membres de la famille en faisant une entreprise, bâtissant une maison quel que soit le besoin. Pourtant, beaucoup de précautions sont prises par certains sages, ne jamais laisser un membre de la famille se joindre à la sale besogne. Pour eux, leur fin peut survenir à tout moment.

Et ils préfèrent faire cavalier seul que de laisser une relation familiale s'ingérer dans ce jeu à haut risque. Tout comme dans le business de la cocaïne, où on ne sait jamais lequel pourrait être votre dernier voyage ou votre dernière affaire.

g) **La sécurité**. Presque tous les arnaqueurs ne pensent à leur sécurité qu'au minimum d'une fois par jour. Parce que parmi eux, vous pourriez ne jamais savoir qui va encore vous poignarder ou vous vendre aux policiers ou à l'ennemi. Vous pourriez ne jamais savoir quand vous pourrez avoir un peu de repos. Donc, beaucoup est investi dans la sécurité. Ils bénéficient de quatre types de protections : des gardes du corps, la sécurité électronique, la sécurité policière et enfin la sécurité spirituelle.

i) La sécurité des gardes du corps

.

Ce sont des gars embauchés à partir de sociétés de sécurité locales bien entraînés et veillant sur eux 24/24hrs. Ou des gars recrutés à cause des louanges de leurs muscles et leurs échos de réputés cascadeurs. Ils sont généralement connus sous le nom d'hommes capables ou chiens de garde. Leur rôle, assurer la sécurité totale.

ii) La sécurité électronique.

Cette forme de sécurité se trouve principalement dans leur gîte ou immeubles. Ils investissent dans des caméras haute sécurité et de haute technologie visibles ou pas, à infra rouges et des dispositifs d'alarmes silencieux pour alerter lorsqu'il y a une intrusion à l'intérieur ou hors de leurs maisons. Sorte de gadget à la James Bond, avec tolérance zéro pour les erreurs stupides.

.

iii) La sécurité policière

C'est incroyable mais vrai. C'est la méthode dont les organismes de criminalité les plus organisés dans le monde se servent depuis des décennies.

Généralement, ils usent des menaces ou tombent sur des flics corrompus qui veulent juste se faire un peu d'argent sans pour autant se soucier de leur sermon et de leur badge . Car il y a toujours un homme intérieur dans la police, qui observe et vend la mèche. Il joue l'ange gardien pour le criminel ou les criminels et, en retour, les commissions sont reversés dans son compte à l'étranger ou en argent comptant.

D'autres le font par pression, craignant la mort de leur membre de la famille, etc. ; mais cette option est très rare. Une des raisons pour lesquelles le corps de la police est connu pour être l'un des corps les plus corrompus de la planète Terre.

iv) La sécurité spirituelle
Il s'agit de la plus haute forme de la sécurité. Il va de pair avec des pratiques fétichistes et avec la plus profonde forme de satanisme. La magie noire. Avoir beaucoup de visages aux côtés du sorcier en face de vous ou du soi-disant prophète. Parce qu'aucun véritable homme de Dieu ne pourra jamais se coupler à de telles pratiques et donner la bénédiction de Dieu à celles-ci. Le plus souvent, ces protections vont de pair avec les adeptes de l'œuvre sombre ou au service du monde des ténèbres.

Et de fortes sommes d'argent sont en cause ici, suivies par de gros pourcentages si réussite est. L'arnaqueur peut se voir donné un talisman, un anneau, des perles, une statue, des huiles mystiques, un bracelet, de l'encens à brûler, ou de puissants charmes fabriqués à partir de parties du corps humain, afin de se protéger d'abord, puis séduire et enfin à atteindre ses objectifs avec peu ou pas d'effort. Ou toujours consulter le sorcier avant tout mouvement important, ce qui rend très difficile à certains moments le travail de la police ou tout organisme de lutte contre le crime cybernétique.

Lorsqu'on fait partie d'une génération incrédule, la plupart de ces choses sont forcément un succès lorsqu'il est appliqué sur la victime. Pour cette raison, la plupart n'ont jamais vraiment compris comment ils sont arrivés à se frotter dans la boue. Tout être humain priant avec ferveur est toujours gardé par l'esprit de Dieu.

À certains moments, il (Dieu) peut vous parler sous une autre forme de l'erreur que vous êtes sur le point de commettre, mais quand l'amour de l'argent et la volonté d'en obtenir vous rattrape, la prochaine chose est la perte et les cris.

16 Les Avantages Et Les Inconvénients De La Cyber Escroquerie

Avantage

Les avantages économiques: Sur ce point, les fraudeurs sont connus pour être des consommateurs très lourds, des dilapidateurs et des amoureux de la mode et appareils de divertissement high-tech, le faisant soit de façon intelligente ou de façon usuelle. Ils aiment les investissements dans les biens immobiliers et les gains d'argent rapide comme les casinos, showbiz etc. avec l'utilisation d'une figure publique mise en avant comme porteur de ces richesses.

Certains gardent leur argent à la fois dans les banques étrangères et au pays, ce qui produit de gros intérêts lorsque ces banques tournent des affaires avec eux, faisant par-là croître le pouvoir d'achat de leur monde. L'accès à voyager à l'étranger devient très facile car tout indique l'accord avec une entreprise ou une personne juridique à l'étranger de qui proviennent tous les documents.

Avantages politiques: la recrudescence de l'impunité Cybernétique a donné lieu à des conférences nationales, des conventions et la signature de nombreux traités permettant aux organismes en charge de lutter contre l'existence de cette pratique dans divers pays. Un exemple de bonne organisation vrai et visible de ce calibre est INTERPOL qui se trouve dans presque tous les pays du globe, traitant une variété de cas criminels (terrorisme, trafic d'hommes etc.), avec comme priorité la chasse aux criminels internationaux.

Il s'est avéré très efficace selon les informations fournies. L'Amérique, classée comme l'un des pays les plus victimes de cyber arnaque a uni deux de ses plus grandes forces. Les services secrets, en vertu de leur mandat de protéger le système monétaire des États-Unis c'est à dire l'établissement financier et la monnaie, travaillent main dans la main avec le département du commerce ayant à leur côté les membres du Nigeria de EFCC pour lutter contre ce fléau depuis le milieu des années 90.

Ainsi, l'augmentation de la stabilité politique est promue dans les pays prêts à coopérer pour cette opération et parfois l'assistance est une aide vitale si une nation a des problèmes économiques.

Sociétés moderne et avantages moraux : La société moderne est devenue aujourd'hui, celle où beaucoup de gens ne remettent pas en cause le superflu où la richesse de quelqu'un. Et si il y a des questionnements, ils viennent de flics et seulement au cas où il y a problème. Par contre, les humains apprécient et admirent leurs vies ou la richesse soudaine dans leur vie, voyant cela comme un véritable avantage social et moral à la une.

Parce qu'ils suscitent le même honneur et le même respect, parfois même avec beaucoup de crainte. Cela est principalement observé dans les pays en voie de développement, comme le Nigeria, le Cameroun, le Bénin etc. où un grand nombre de rites et de condescendance sont faits.

Avantages électroniques: l'amour de la manipulation informatique a tellement augmenté. Car il n'est pas plus vu comme un luxe mais une nécessité de l'existence moderne. Par conséquent, beaucoup ont compris que ce qui peut être engendré à partir de son utilisation, est de loin beaucoup plus important que de simplement l'avoir.

Par-là, le pouvoir d'un plan bien tissé stimule la connaissance informatique et la rend plus profonde comme l'argent frauduleux lui aussi ouvre plusieurs voies. Généralement, l'ascension dans le monde développé de l'économie chinoise, a donné l'accessibilité facile aux riches et aux pauvres. Ceci est sans une mise à l'écart de la mise en ligne rapide des logiciels supportant des Chatrooms, des SMS en block et des webcams (vidéo live chat) et des téléphones portables à caractère crypté. .

Avantages pédagogiques: Toute personne intéressée par les affaires de cyber escroquerie doit toujours être intellectuellement évaluée avant de se lancer dans cette industrie ; et le travail d'un véritable mentor commence à partir de là. Et ce ne sont que les gars bien éduqués, dotés d'un esprit visionnaire, et nourrissant des tendances intelligentes et créatives qui peuvent réellement se jeter dans l'industrie.

Vu sous cet angle, l'éducation devient indispensable. Et celui qui veut se lancer dans cette entreprise doit aller à l'école pour obtenir un diplôme de bon niveau, raison pour laquelle la plupart des plus grands noms dans l'histoire de l'arnaque, ont toujours eu un bon niveau intellectuel à l'exemple de BERNIE MADOFF un des plus grands arnaqueurs de notre temps.

Inconvénients

<u>Les inconvénients économiques:</u> Contrairement aux avantages sus-décrits, l'escroquerie sur Internet est un outil qui a contribué à vider les poches de nombreuses entreprises dans le globe, grandes et petites. Il a ruiné les économies de toute une vie. Beaucoup de ceux qui investissent dans des entreprises ont l'espoir de gros gains et de ventes à prix dérisoires pour se débarrasser des marchandises rapidement dont les prix sur un marché légal influencent négativement l'économie obligeant le marchand légal à un endettement rapide. Ce qui le pousse à un futur indéterminé, tel que la communauté de la mafia où seulement 0.2% de leur bien est récupéré.

Quelques puissants arnaqueurs ont fait de leur argent un bien protégé qu'ils doivent voir grandir en termes de chiffres ou le dépenser avant qu'il ne tombe aux mains des législateurs. L'inefficacité à gérer ce fléau a fait revenir Ibrahim Lamorde à l'EFCC, organisation impliquée dans la lutte contre ce fléau au Nigéria comme directeur des opérations en décembre 2010 en remplacement de Waziri.

Selon les services secrets américains, la fin des années 90 a connu tout un lot de plaintes ; environ 14000 plaintes par mois provenant de leurs citoyens se plaignant de recevoir des e-mails ou des courriers frauduleux et cela semble avoir triplé ces dix dernières années avec le nombre sans cesse croissant de nations impliquées.

Ce qui porte un sérieux coup à l'économie notamment dans le secteur mineur du commerce ou certains refusent d'avouer de s'être fait avoir, de peur d'embarras et de scandales.

<u>Les inconvénients politiques</u>: En dépit des accords de travail entre gouvernements effectués main dans la main, ces choses vont avancer avec beaucoup de menace, de mauvais ressentiments et des tensions entre les nations auteures et celles victimes, car les cas de meurtre seront toujours enregistrés dans ce jeu cruel.

Il est prouvé que presque sept milliard de dollars ont été perdus dans l'arnaque depuis 1980, marquant ainsi le début de l'usage de l'expression 419 sur le plan mondial. Ce qui n'est pas une bonne nouvelle pour les rapports bilatéraux, qui rendent la diplomatie difficile, générant de façon croissante beaucoup de méfiance dans les affaires, provoquant par-là ces échauffourées.

Car il a été reconnu que la plupart de ces intrigants sont parfois protégés, ou les individus impliqués ont de très fortes relations avec des membres potentiels de leur gouvernement. Par conséquent, ils peuvent bafouer les accords de transparence passés par une union pour taire les conflits du cyber arnaque.

Ce dernier va plus loin avec des déclarations pures de leurs ramifications qui sont plus profondes que nous ne pouvons penser. Par des liens diplomatiques, les choses sont forcées à continuer malgré les ententes diplomatiques difficiles.

Les inconvénients sociaux et moraux: La société est arrivée au sommet de la décadence morale. C'est ainsi que nous avons des partisans et des détracteurs de cet état de choses. Les gens ont tendance à raisonner plus à l'avantage direct que leur procure le ou ces comportements, plutôt que l'effort à fournir pour l'amélioration de la société.

En conséquence, beaucoup d'esprits mineurs ont grandi avec la sensation et la certitude que certains actes immoraux sont loués et acclamés dans leur milieu. C'est un facteur très clair au sujet de l'escroquerie cybernétique, car le mensonge, la malhonnêteté, les coups bas, le chantage et le gangstérisme sont devenus les mots d'ordre de notre époque et aucune prévention n'a jamais été faite en ce qui concerne leur établissement dans l'échelle des valeurs sociales.

Très souvent, la grâce divine a jusqu'à présent été le seul moyen permettant de ne pas tomber dans les mailles de ces escrocs, ceci à cause d'un déficit de sensibilisation.

Les inconvénients électroniques: Plutôt qu'une facilitation de la vie pour l'homme, l'ordinateur a été transformé en une parfaite arme pour escroquer et causer plusieurs formes de déstabilisation. Ceci dans la plus grande peur appelée le hacking. Avec des adeptes qui s'y adonnent au quotidien à chaque heure dans les quatre coins du monde.

Et comme « beaucoup d'argent fait le bonheur », en avoir toujours plus est à l'ordre du jour, peu importe que l'on soit blessé ou pas. Les Jeunes qui se projettent dans la cyber escroquerie utilisent l'outil informatique pour un mauvais but plutôt que de s'en servir pour l'avancement de l'humanité en termes d'amélioration des conditions de vie.

L'engouement visant à faire du monde un meilleur cadre de vie et d'existence a vite changé à cause du haut pourcentage d'acquisition par des voies malhonnêtes malheureusement encouragées : « je l'ai FAIT et je suis respecté dans la République des arnaqueurs, donc on s'en fout. »

Les inconvénients pédagogiques: Tout comme l'inconvénient électronique, la connaissance ou l'intelligence qui pourrait être utilisée pour la sécurité de l'humanité, la créativité, pour l'amélioration de l'économie du pays, a versé dans un faux usage. Beaucoup sont soumis à un lavage de cerveau qui bientôt les fait apparaitre comme des criminels internationaux, les menant à un emprisonnement, une mort prématurée ou faisant d'eux des individus occultes.

L'assistance parentale et la Co - opération pédagogique font dépenser beaucoup d'argent pour instruire et attendre des enfants qu'ils deviennent des êtres humains respectés dans la société, faisant ainsi connaitre positivement le nom de leur famille.

Les retombées conséquentes de ce jeu sont toujours structurées sous plusieurs formes par les fraudeurs. Exposant aux dangers tels le meurtre, le kidnapping, le suicide, les fugues, les défigurations émotionnelles.

Mais beaucoup préfèrent rester en arrière-plan que de s'afficher , camouflant leur triste histoire, de peur de se faire honte et d'être remarqué négativement, ou de vendre une mauvaise image de leur entreprise car ceci peut affecter leur niveau de vie ou leur réputation en société .

D'après Wikipédia, l'encyclopédie libre, quelques-uns des individus cités ci- dessous, ont fait tomber leur proie impitoyablement.

Par kidnapping

Osamai Hitomi, un homme d'affaires Japonais.
Kenth Sadaaki Suzuki, un homme d'affaires suédois.

Par meurtre
George Makronalli, un grec.
James Breaux, un Américain.

Tout est mis en place par les arnaqueurs pour vous voir tomber et ne plus jamais pouvoir vous relever. Leurs invitations sont toujours truffées de toutes sortes de pièges parce qu'ils sont basés dans leurs territoires et ils connaissent tous les moyens de faire tourner le vent en leur faveur.

Ils connaissent la sévérité des lois concernant l'immigration dans leurs pays. Ils vous font rêver de venir dans leur nation en s'accentuant sur la nécessité du visa et sur vos difficultés à l'arrivée faisant des arrangements avec la douane et les zones de contrôle de visa afin que ceux -ci portent une attention particulière sur vous.

Raison de plus pour la victime de se libérer l'esprit, d'adoucir sa tension et de vouloir réclamer l'argent si c'en était le motif. Ou si vous insistez, vous vous faites massacrer, ou enlevée de force, vous forçant, vous ou votre famille au pays à verser une rançon pour votre libération ; c'est très commun au Nigeria, en Afrique du Sud et dans le monde entier.

Ceci a conduit le gouvernement américain par son département des services secrets à sillonner partout pour protéger et rechercher les affaires de cette nature lorsque leurs citoyens sont visés.

Comme tout autre jeu diabolique, sûr il n'y aura jamais de fin heureuse pour les pratiquants de cet art lorsque les larmes de ceux qui en ont été victimes continueront de baigner leurs visages, mais aussi leurs cœurs et leur âme. À moins que vous ne soyez un criminel d'un genre notoire ou un pécheur endurcis, ainsi conclurons nous que vous avez été payé par la monnaie de votre propre pièce.

Mais quand les nécessiteux sont dépouillés du peu dont ils disposent, soyez rassuré la justice divine agira.

L'expérience a prouvé que peu d'arnaqueurs remplissent la durée de vie à eux réservée par la nature, et leurs membres de famille sont toujours des cibles à cause de leur malhonnêteté dans laquelle ils se trouvent parfois innocemment mêlés. Étant donné que certaines personnes aiment et préfèrent nager dans le scandale, la plupart d'entre eux finissent en prison ou meurent de mort précoce provoquée par la riposte d'une personne dupée, un tir de la police, une dispute qui elle pourrait conduire à un meurtre, un suicide ou une justice divine.

Cette justice divine peut des fois mener à une malédiction de générations en générations, où les membres de la famille sont persécutés sous formes de maladies, de mort étrange, de représailles d'injustice monotone, de pauvreté perpétuelle, de discorde familiale, de divorce ou zéro mariage, ramenant tout à un déséquilibre social.

Mais malheureusement pour cette situation, ce jeu enregistre un nombre alarmant de nouveaux adeptes tous les jours, avec les Américains et les Africains en tête de liste.

17 Méthodes Récentes De Cyber Arnaque

1. **Déboursements/Arnaque par testament:** C'est la proposition du remboursement, par lequel le nouvel héritier demande que vous l'aidiez à transférer la richesse récemment acquise dans votre compte ; en retour il vous donnera des pourcentages qui ne sont jamais fixés d'avance (fixés selon l'arnaqueur) 0 souvent suivis par un paiement à l'avance ou des frais pour les impôts, etc.,

2. **Fraude du contrat (contre remboursement de marchandises ou services) escroquerie:** La hauteur de l'art du faire croire, ballonné sur l'assurance ou la garantie selon laquelle, tout l'argent sera reversé à l'arrivée des marchandises. procédant tout d'abord avec

l'attitude initiale de frais à verser d'avance, ce qui sera précisé sur les documents nécessaires pour le convoi des marchandises.

Cela est aussi appliqué à l'escroquerie de la livraison express, dont le mode opératoire réside sur le paiement de l'agence à l'arrivée des marchandises chez vous livrées par les faux agents.

3. **Transfert de fonds sur escroquerie des contrats surfacturés**: Au tout début on peut flairer le plan. Vous êtes faits pour croire qu'un surplus d'argent a été reversé comparé au paiement initial pour un contrat gouvernemental, et l'action immédiate à entreprendre est de l'évacuer à l'étranger. Et pour se faire donc, une personne proche, appelée la proie ou la victime doit être désignée (choisie) afin de rendre la magie opérationnelle, toujours selon la théorie des multiples paiements à l'avance.

4. **Vente de pétrole brut en dessous escroquerie des prix du marché**: Nous savons tous comment ce domaine monétaire peut être juteux. Avec toutes les lois internationales

qui régissent son trafic en principe, dans cette époque où les ressources minérales tendent à manquer, beaucoup de compagnies ont du mal à atteindre leur quota habituel pour satisfaire leurs attentes. Et avec une proposition soudaine d'un tel calibre d'un pays producteur provenant d'un soi-disant corps fictif, toutes les raisons sont là pour arriver à l'optimum. allant des fois au point de déplacer une personne ou des personnes pour rendre le deal plus vrai.

5. **Arnaque à la loterie:** Pour être franc avec vous, chers lecteurs, comment est-ce que sur cette terre vous pouvez gagner à un jeu auquel vous n'avez jamais participé, si ce n'est une plaisanterie de mauvais goût ? Car nous savons tous qu'il n'y a jamais rien eu de facilement acquis ; donc rien n'a jamais été pour rien.

Car si vous gagnez, cela veut dire que vous avez joué. Les gens qui succombent à de telles escroqueries sont des individus rêveurs avec les dollars timbrés sur leurs yeux, les masses ou les consommateurs journaliers qui ne voient dans tout ce qui les entoure que la valeur du dollar. Les arnaqueurs de ce type s'accordent à cette philosophie selon laquelle moins de gain est bien mieux que de chasser une longue liste de zéros. À des moments pas très sûrs et des fois situés sur une voie jonchée de toute sorte de risques.

6. **Arnaque par Transfert d'objets de valeur/ de biens:** Ce type d'arnaque a lieu lors des conflits internes de quelques pays africains. Les arnaqueurs utilisent ces tactiques pour leurrer des gens qu'ils sont en possession de diamants, d'or etc., dans la prétention qu'ils sont des chefs de rebelles, des membres de leurs familles, ou des individus qui possèdent des objets volés d'une haute valeur monétaire et voudraient transférer ces trophées de guerre (preuve à l'appui, utilisation des photos) à l'étranger en retour de gros avantages ou de pourcentages accordés.

7. **Arnaque sur l'achat de propriété:** Il donne l'espace pour la recherche d'un agent et un homme proche qui gagnera une part sur le pourcentage qui est avancé. car il est celui-là qui cherche un objet qui sera acheté et possédé par le patron de l'auteur de la proposition, habituellement une haute

personnalité dans le gouvernement de ce pays.

Il est stimulé par le fait que c'est une affaire secrète, parce que la personne impliquée est une haute personnalité et lui qui fait affaire avec elle, est juste un intermédiaire

8. **Arnaque sur comptes lourds :** Ce type d'arnaque est souvent associé avec l'arnaque par testament. La victime est accostée avec l'intention que lui ou elle doit extrader de l'argent le plus rapidement. Cela peut être à cause de grosses querelles de famille, de menaces de succession, d'atteinte à la vie, et lui ou elle peut gagner beaucoup d'argent et se faire des relations avec lui, s'il coopère en donnant des informations vitales liées à lui directement au point où l'argent sera reversé sur son compte à l'étranger pour un futur meilleur.

9. **L'escroquerie des étrangers décédés:** Il a deux itinéraires: soit c'est avec le banquier ou la banque mentionnée, jugée indispensable ou c'est avec un expatrié en particulier d'occident, qui aurait perdu sa vie dans un crash d'avion, un problème de santé, un

accident ou toute autre malchance dont il aurait été victime.

Pour faire plus vrai, ces dupes se servent d'informations courantes au sujet d'incidents malheureux qui ont eu lieu ou ont été diffusés sur CNN (Cable News Network) etc.

Dans la prétention que, celui-ci n'avait aucun membre de famille ou de lien de parenté pouvant bénéficier de sa richesse ; en conséquence, on vous propose une affaire consistant à déplacer les fonds à l'étranger avec l'idée que vous devez jouer la relation afin que l'argent soit partagé entre vous. On vous pousse ainsi à livrer toutes les informations sur votre compte, suivi par les paiements multiples à l'avance.

10. **Les connections nigérians, 419 Scam/ Advanced Fees fraud:** Il est nommé ainsi pour avoir commencé autour des années 1980 au Nigeria et a atteint aujourd'hui des milliards de dollars. Et c'est sur insistance avec des courriers non sollicités comme des télécopies, des lettres et emails de Nigérians ou d'Ouest africains que le monde l'a découvert.

En principe, 419 représente la section du code pénal nigérian qui condamne cet acte (http://www.nigeria-law.org/Criminal%20Code%20Act-Part%20VI%20%20to%20the%20end.htm).

Vous recevez des courriers qui vous proposent des affaires variées avec des pourcentages variés sur plusieurs occasions pressantes. Le pouvoir de cet esprit les a amené à être ce qu'ils sont aujourd'hui: les bons escrocs, et d'après les recherches d' INTERPOL les victimes sont ré-arnaquées par le même groupe de dupeurs revenant cette fois-ci sous le nom d'agents de l'EFCC (Ordre de l'Infraction Économique et Financier) ou autre, venant enquêter sur les victimes et comme par méthode habituelle, ils exigent des plaignants un paiement des frais à l'avance.

11. **Défenses pour escroquerie des donations charitables**: comme son nom l'indique, il est masqué par toutes sortes de situations piteuses traînant l'inquiétude monétaire. Cette escroquerie a beaucoup de visages comme toutes les autres escroqueries parce qu'elle est

nourrie par les affaires mondiales récentes: les guerres, les épidémies, les abus de droits de l'homme, tout qu'on peut dire, les désastres naturels et découragements d'une manière prédominante, communes dans les nations sous turbulence naturelle et politique de toutes sortes.

12. **L'escroquerie romancière**: C'est une escroquerie commune aux deux genres où l'homme séduit une femme ou vice - versa à un point vigoureux où lui ou elle trouve dur de maintenir la balance émotive, alors le venin d'extorsion est éjecté. Suivi souvent par un bon plan d'un chèque rejeté pour manque de provisions ou prétextant avoir le problème du relevé de compte, demandant une aide immédiate.

Généralement il s'agit d'une personne honnête avec un bon travail et stable, ou même un parent seul qui cherche un compagnon de vie. Voici comment quelques-uns de ces contacts commencent: sur des sites de rencontre : « Salut cher, je ne suis pas heureuse à cause de ma solitude bien que je sois une très belle et romantique fille.

Pourtant, ce serait un grand plaisir de vous laisser   entendre que quand nous nous rendrons vraiment compte que nous sommes tout seul, ce sera au moment où nous aurons besoin l'un de l'autre. Écrivez-moi à cette adresse faithkamara1@yahoo.com et alors je pourrais vous en dire un peu plus sur moi. J'attends de vous lire très prochainement. Mon e-mail, faithkamara1@yahoo.com j'aime votre photo »,

Cette personne est toujours l'incarnation du multi - visage usant   de la même ruse courageuse avec beaucoup de nombreuses personnes autour du globe ou même avec votre ami ou votre voisin.

Ces personnes pillent la plupart de leurs victimes dans des Chatrooms ou des sites de rencontre; souvent quand la ruse est démasquée, la personne menace de tout dévoiler et procède par un chantage de toute sorte avec le   peu ou le trop plein d'informations obtenues de vous pendant vos discussions.

Un autre type plus récent est de leurrer une femme pour lui faire tomber dans **le**

dogme de sa séduction, être le premier à envoyer des marchandises ou des présents de gaieté. Ici, il fonctionne avec les complices qui descendent à la maison de la femme avec un colis DHL ou toute autre forme de livraison express convenant, avec une multitude de cartons, avec C.O.D pour exécution.

Quand elle paie la valeur de la livraison estimée à beaucoup d'argent, elle découvre finalement que les cartons ne contenaient qu'un amas de détritus assemblés comme des pierres, du sable, etc.

13. **Escroquerie du travail dans un hôtel à l'étranger**: Ces malicieux ont maintenant choisi d'opérer dans le recrutement d'hôtel, en précisant que des hôtels au Canada ou en Grande-Bretagne ont besoin de main d'œuvre (gens) de par le monde en particulier de nations pauvres devant voyager pour venir travailler pour eux, couplé à des avantages importants comme billet d'avion payé si besoin est, car la déduction sera faite lors de la signature du contrat.

Ici encore, les paiements multiples à l'avance sont requis et peuvent des fois monter jusqu'à mille dollars, en utilisant des documents légaux pour justifier leur fraude.

14. **L'escroquerie par des animaux domestique:** Les Occidentaux ont un amour inimaginable pour les animaux familiers mourants et aussi font-ils de ces derniers leurs héritiers sur leur lit de mort. Étrange mais très vrai, car les sommes utilisées pour les soins de l'animal dans les nations développées comme les USA seulement vont bien au-delà du budget annuel de quelques nations pauvres comme le Togo.

Cet amour grotesque pour les animaux domestiques a inspiré les arnaqueurs à penser à deux fois et à faire naître le besoin d'investir dans un stratagème lisse. Ces arnaqueurs utilisent des espaces publicitaires libres pour afficher les photos et les annonces, précisément sur les animaux familiers qui sont très rares à trouver ou à prix très élevés et ils en font une marchandise bon marché.

Habituellement dans cette situation, l'acheteur est celui qui va vers le vendeur-arnaqueur. Encore ici les paiements à l'avance sont requis pour les impôts et les documentations légales de mouvement d'une nation à l'autre etc.

15. **Exploitation de l'intellect ou arnaque intellectuelle**: Les gens aiment toujours créer des situations   pour jouer sur l'intellect des autres. Dans l'exploitation perpétuelle de leur faiblesse pour en venir à leur fin. Cette forme particulière d'arnaque est retrouvée chez les individus qui lancent des concours littéraux de poésie, prose, pièce théâtrale etc.

Cela incite des gens à s'enregistrer dans le concours. En retour, ils reçoivent une lettre pour les informer que leur poème a été choisi pour publication. Ils vous inscrivent dans leur grande anthologie, en vous conseillant vivement d'acheter une copie de ce pourquoi vous avez tant œuvré, pure folie! Questionnez-vous! Où vont toutes les ventes?

Voyez le nombre de contributoires et non contributoires qui ont acheté une copie dans le monde entier. C'est d'où la fumée du début d'arnaque commence à sentir, parce que dans le vrai sens de la matière, ils sont dehors pour renflouer leurs poches avec l'intellect des autres et les leurrer encore d'acheter et ainsi rendre les pionniers grotesques riches.

La deuxième partie de cette escroquerie de l'exploitation intellectuelle, rime avec les individus promettant de donner des contrats de traductions, correction des articles écrits, lorsqu' ils vous font dans un premier temps passer un test celui-ci étant très souvent déjà le travail en lui-même, et puisque vous le faites au fur et à mesure qu'il/elle est contacté par des Freelancers, donc le travail est fait librement. Parce que tous ceux qui cherchent du travail donnent le meilleur d'eux pour arriver à l'optimum.

À la fin, la plupart de ces malfaiteurs vous promettant des contrats disparaissent littéralement sous prétexte que le projet a été abandonné. Les Freelancers devraient avoir toujours une quantité spécifique de travaux comme test à faire à l'endroit de ces soi-disant employeurs littéraux et apprendre à s'accrocher aux principes plutôt qu'au verbiage du genre :" si vous le faites bien, nous aurons un long chemin à faire et vous en serez fier». Soyez des Freelancers pragmatiques.

16. **Escroquerie sur la perte de poids**: il est dû à un désir excessif d'être bien formé et de sembler plus sexy, car les êtres humains physiquement en surpoids se sentent maintenant mis à part par les styles de la mode moderne. Comme la société n'a pas cessé de parler au sujet des dangers de l'obésité, ceux qui n'ont pas les moyens de rencontrer Dr Rey personnellement, choisissent internet comme leurs dernières options, commandant des produits qui ont peu ou aucun effet face à leur problème.

La plupart tombent souvent sur ces transgresseurs de loi qui colleraient des photos provenant d'individus qui ont subi la thérapie naturelle pour atteindre cet état, ce qui vous éblouirait alors et vous pousserait à effectuer des paiements à l'avance. Payer avant d'être servi, tel est la loi du marché.

17. **Escroquerie de travaux à domicile**: Il n'y a aucune surprise à ce que le monde, de nos jours, subisse des crises économiques lourdes et ceux du monde développé en particulier en sont plus affectés en ceci que le chômage

augmente grandement de jour en jour au regard du style de vie qu'ils menaient auparavant. les temps sont devenus plus difficiles. Pour cela, beaucoup se sont mis à travailler à domicile pour équilibrer les choses.

Mais une question demeure; trouvent-ils vraiment leur compte? Cette escroquerie tombe sous l'une des plus grandes arnaques de notre temps. Parce que la nature désespérée des gens les a poussés à choisir cette option sans chercher à savoir si c'est un véritable facteur de satisfaction.

Le système ici est très intelligent et rapide ; les auteurs font la visite d'une nation, des compagnies dans le pays, rassemblent leurs adresses et les renvoient emballés dans un bloc ou gravés sur un CD qu'ils commencent à vendre par internet avec les logos de médias célèbres tels que CNN, NBC, TIMES magazines etc., pour authentifier qu'ils sont connus. La plupart souvent à l'insu de ces compagnies ou leur autorisation, ils vont plus loin jusqu'à promettre une satisfaction ou remboursé en dessous de leurs pages web.

C'est une arnaque pure et un chemin pour vous attirer, parce qu'aucune personne n'a jamais vraiment confirmé si de l'argent a été retourné. C'est de la fraude. Ils opèrent maintenant avec style de vous donnent un tarif initial, et quand ils décident de fermer la page, une autre option du paiement apparaît encore avec un montant moindre dans une minuscule page rectangulaire, et cela va même jusqu'à une troisième proposition.

C'est-à-dire que, s'il vous est initialement demandé 99 $, quand vous êtes sur le point de fermer, ils cassent les prix à 44 $ et finalement à 17 $, vous traînant par tous les moyens à succomber à l'arnaque. Leurs pages sont couramment décorées avec des dollars, montrant un ou deux visages de personnes se faisant la bagatelle de 500 $ ou plus en une heure, le tout dans une publicité trop zélée qui n'a aucune fondation véridique.

Leur technologie est allée plus loin , avec des logiciels sophistiqués qui déterminent la région et le pays de la personne qui consulte leur serveur, et qui automatiquement lève le drapeau de votre pays, dévoilant une présumée personne ou une mère avec un nom de région qui prétend faire en une heure un gain fabuleux . Ils vous assurent par-là que vous avez le droit légal de tirer parti de l'avantage offert. Des logiciels intelligents pour les types intelligents!

18. **Escroquerie des réseaux sociaux:** De nos jours, quelques réseaux sociaux remarquables utilisent leurs potentiel pour leurrer leurs membres aux études insatiables   avec la croyance   qu'ils ont des vidéos chaudes et profondes de célébrités nues ou des vidéos de sexe. En bref, cela veut dire qu'ils exigent de vous que vous répondiez à des questions qui vous permettront de voir à la fin votre désir être assouvi.

C'est intelligent, car   en   fait,   l'équipe élabore   un   plan,   en   établissant   un commentaire sur vous comme si c'était vos amis. En se comportant comme eux, vous qui le voyez êtes attiré à vouloir découvrir ce qui est dans cette vidéo immédiatement. Après que vous ayez pris part à cette étude, vous êtes informés que votre pays n'est pas éligible, ou vous n'avez pas de logiciels requis pour lire la vidéo ou quelque chose d'autre pour vous décourager dans votre élan tout entier. Et nous savons tous que de telles études ne se font pas sans un virement colossal de fonds à la compagnie offrant cet accès.

Un de ces cas a été vu avec la chanteuse Américaine Nikki Minaj, présumée impliquée dans un scandale de vidéo de sexe qui a bouleversé tous ses fans sur Facebook. Et tous étaient pressés de voir, mais se sont vus pris au piège de l'étude sur les produits d'une société.

19. **L'escroquerie Ponzi**: Dans ce type de modèle, vous êtes promis au plus haut salaire comme comparé aux méthodes habituelles de fonctionnement.

Ici, les dividendes sont plus dans le pourcentage que ceux effectués à l'investissement, habituellement par un reversement d'argent aux investisseurs initiaux avec des sommes engendrées par des partenaires récents. Dans un geste d'arnaque de proximité pour dénombrer les investisseurs et quand les membres décident de tourner leurs dos en quittant l'entreprise avec rien à verser, la chose entière alors s'effondre, raison simple, l'investissement concret n'existe pas vraiment. Plutôt, le pari est fait sur le nombre de personnes désireuses de se joindre au projet. Ce type fut fondé très tôt dans les années 1900 par l'arnaqueur Charles Ponzi, un Bostonien de Massachusetts et continue encore à faire des victimes aujourd'hui.

18 Méthodes Générales Pour Lutter Contre La Cyber Arnaque

S'il vous plaît pour l'amour de Dieu, faites une halte et posez-vous ces questions vitales. Pourquoi sur terre, un étranger vous choisit-il pour partager une marre de millions ? Pourquoi un parfait étranger tel que vous ?

Pourquoi sur cette terre ventileriez-vous vos informations personnelles telles que votre numéro de compte bancaire, votre en-tête de lettre de la compagnie, le numéro de téléphone, l'adresse etc. ? Seulement sur la croyance en la parole d'un être hors de votre portée ?

Pourquoi est-ce que vous lui enverrez de l'argent sur cette terre, comme avance ou paiement multiple pour honoraires seulement sur une simple prétention?

Pourquoi est-ce que sur cette terre vous donneriez des pièces à un véritable étranger pour terminer comme témoin de menaces, kidnapping, dettes, stress, confusion, extorsions, meurtre ou distributions? Pourquoi ?

Du moment où vous lirez ces règles surement vos idées entreprenantes pour ce type d'aventure s'en trouveront changées.

1) Souvenez-vous! Rien n'est jamais vrai sur internet jusqu'à ce qu'il ne le soit vraiment. Règle n°1 : Prenez-le comme une illusion à première vue. Oubliez la notoriété.

2) Jamais, jamais, ne vous hâtez jamais en faisant affaire en ligne avec quelqu'un, particulièrement s'il est nouveau pour vous; mettez leur réputation de côté, étudiez comment et où vous devez procéder sinon leur arnaque pourrait commencer par vous.

3) Essayez autant que possible de savoir avec qui vous traitez. Ce serait imprudent et injuste pour vous de vous jeter dans une affaire juste sur la base

d'une parole. Procédez par une enquête minutieusement profonde dans Google, Demandez Bing, le moteur de recherche AltaVista, et comparez les références les unes avec les autres (emails, fragments de messages). Posez des questions et soyez très attentif aux réponses parce que les arnaqueurs peuvent essayer de distraire votre attention en introduisant des étapes de conversations différentes.

4) Soyez intelligent et étudiez le type de personne. Car la plupart de leurs emails est stéréotypé et n'importe quoi de nouveau expose au trouble. Consultez les sites relatifs aux arnaques tels que www.419scammersexposed.com, www. aa419.org et www.Hoaxbuster.com. qui ont exposé beaucoup d'arnaqueurs Africains avec leurs images empruntées de Facebook en particulier.

5) Le poids de l'affaire peut être aussi lourd et en conséquence, vous pouvez être tenté de voyager au pays de l'affaire. La Première des choses à faire est de s'assurer que votre entourage est consulté que votre avocat, banquier et l'organisation pour la sécurité des affaires sont impliqués. Soyez adepte de raison plutôt que de désir.

6) Assurez-vous que vos documents de voyage sont tous dans les normes, surtout vos certificats sanitaires, ainsi que le timbre du visa. Parce que chaque erreur possible de votre part peut être utilisée comme une arme contre vous, par l'arnaqueur pour mieux vous traire. Car ils sont toujours de connivence dans leur milieu.

7) N'autorisez pas votre désir à surpasser votre raisonnement, seulement parce que les chiffres vous assurent une aubaine de gains. Assurez-vous que l'affaire est bien comprise par vous ou consultez un avocat expert en ce domaine ; oubliez le caractère confidentiel, c'est leur ruse première pour garantir votre lavage de cerveau et tout taire. Soyez un homme et prenez le risque, en parlant à d'autres qui peuvent mieux vous orienter.

8) Comme mentionné ci-dessus, ils (419ers) utilisent cette tactique de caractère confidentiel extrême, et de non-réticence pour s'emparer de votre bon sens ou distraire votre sens d'alerte. Rendant très difficile les vraies vérifications.

Dans quelques cas, ils se servent de la loi pour vous menacer si vous enfreignez l'accord en voulant ventiler vos pertes à la personne à qui de droit. Moquez-vous-en et poursuivez avec vos intentions initiales, car un vrai voleur n'osera jamais se montrer.

9) Ne vous laissez pas influencer par les questions de race, nationalité, éducation, âge ou genre. Oubliez les erreurs communes que vous pouvez rencontrer dans les lettres de communication ou les emails qui habituellement le trouvent placent uniquement dans les mi- coins des messages, attestant de leur intellectualité sur une proportion seulement. Ce ne sont que des tricheries ou des voies cachées générées par ces escrocs pour vous faire vous sentir supérieur et plus tard négocier avec vous usant du remède adéquat.

Ces types sont des professionnels dans leurs actes mais vous devez être alertés pour tracer leurs demi - sens. Jamais payer un penny jusqu'à ce que livraison soit faite, ce qui bien sûr n'arrivera jamais, car tout repose sur les mensonges et le vol.

10) Renforcez vos mots de passe. Ils devraient avoir un minimum de huit caractères, combiné avec les caractères supérieurs et bas de casse, sans oublier l'usage d'un nombre ou plus. Et ne pas utiliser le même mot de passe sur tous vos sites de rencontre ou sites populaires.

Et aussi, votre mot de passe de l'email devrait être différent de votre Facebook et de d'autres sites, de sorte à éviter le hacking inutile de vos données privées par les vendeurs d'email et les cybers arnaqueurs.

11) Évitez d'entretenir des relations commerciales de toutes les sortes avec individus qui ne donnent aucune informations directe sur leur adresse postale ou adresse de rue, lignes téléphoniques. Pour toute personne sérieuse ou toute compagnie, ce sont des préalables.

C'est même évident que cette attitude vise à un rinçage bien planifié. Ils préfèrent ne pas vous répondre sur l'instant mais laissent dans votre boite vocale des messages qui vous parviendront plus tard. Honnêtement, trouvez- vous cela normal si vraiment vous êtes un client pour leur affaire?

Juste que ce sont des mises en - scène d'auberges apportées de région à la ville, portant encore le parfum original et demandant juste une petite attention de votre part pour renifler des pièges.

12) Protégez votre ordinateur de toutes sortes de maux. Faites de votre e-mail une chose pour vous et vos VIPS ; c'est-à-dire les amis et connaissances.

Utilisez des logiciels qui luttent contre les virus, et les spam.

Installez un pare-feu et n'autorisez jamais une entrée automatique en laissant votre ordinateur avoir un rappel automobile de vos mots de passe. C'est très dangereux, car il peut devenir une porte d'entrée pour les arnaqueurs.

Et ne vous autorisez pas des sessions de longue durée sur un site web de façon continue. Vous devez apprendre à avoir un contrôle autonome de tous vos efforts dû dans le monde cybernétique.

13) Toujours dans cette ligne d'alerte, les coups de téléphone commençant par 003, 004, 005,006, 008, 00225, 00229 sont à éviter. Ces gens sont très habiles et ne prennent aucun risque d'être découvert.

Et si, en utilisant un numéro particulier, ils sont découverts par la victime comme étant des arnaqueurs, ils se débarrassent immédiatement de la CARTE SIM qu'ils utilisent. C'est pourquoi un vrai arnaqueur a toujours quatre à cinq numéros de téléphone à sa disposition.

C'est encore lui qui joue le rôle de l'intermédiaire mais en agissant avec une autre voix pour vous faire croire qu'il est en association avec un Caucasien occidental pour se mettre à l'abri de tout soupçon. Profitant pour ainsi dire d'un pourcentage récolté sur la personne blanche. Ceci est très commun avec une mise en jeu de moyens lourds et d'affaires puissantes impliquant de nombreux dollars.

14) Ne permettez à personne de dominer votre esprit quelle que soit la « crédibilité » de ses approches. Ne lui permettez pas de vous mettre la pression inutilement. Restez sur vos gardes jusqu'à ce que cette crédibilité soit prouvée. Développez des aptitudes à toujours détecter des erreurs, car votre obsession à cet effet vous permettra certainement d'en trouver.

15) Ayez l'habitude de vouloir toujours visiter son web site principal, ses affiliations avec les réseaux sociaux populaires comme Facebook, Skype, Linked-In, et ses partenaires.

S'il est incapable de produire au moins deux de ces emplacements: Skype et Facebook, doutez de lui et revenez sur vos pas, car les entreprises de par le monde entier tirent un profit via les modes de paiement ou l'accès gratuit aux avantages de ces réseaux. Vous êtes sans ignorer que ces emplacements sont des canaux qui autorisent (le négociant) d'être en contact permanent avec son parterre de clients à travers le globe dans tous les modes de communication: vidéo conférences directes, commentaires, comme preuve du pudding.

16) Les intrigants aiment utiliser la théorie du travail à domicile, ayant cette petite ruse drôle de toujours afficher sur leurs pages web **REMBOURSEMENT GARANTI.** L'Amérique qui connait l'un des plus grands problèmes économiques du siècle, a connu une grosse perte d'emplois en son temps.

Ceci a eu pour conséquence de voir un grand nombre de ses citoyens basculer dans cette option se terminant avec des résultats peu ou pas du tout satisfaisants qui incluent des pertes d'argent, ce qui est devenu l'une des plus grandes impostures de notre temps.

S'il vous plaît, abstenez-vous de succomber à une telle ruse, faites vos travaux en empruntant un chemin sérieux et acceptable, au lieu de vous obstiner à acheter les offres à travers des fenêtres de réduction d'argent instantanées.

Ils fonctionnent dans plusieurs dimensions, ils rassemblent noms et contacts des sites de business anonymement, les compilant dans un disque, écrivant des lignes instructives sur comment le faire, créant des bannières fort attrayantes, formulant un scénario puissant du succès de l'auteur ou l'histoire d'une autre personne avec les photos, avec devant voitures chères louées ou empruntées.

Ensuite, les victimes sont comptées lors de la parution sur internet.

Quelques-uns sont devenus sophistiqués, en ayant un système de chat immédiat sur avis de votre présence dans leur site et si vous répondez, ils vous présenteront une force de persuasion massive pour acheter leur option. Plus les prix continueront à chuter, mieux il vaudra pour vous de quitter le site web.

C'est une forme d'escroquerie purement américaine, en utilisant l'originalité pour prétendre que les non-américains peuvent prétendre aussi à une part du gâteau. Comme résultat, beaucoup de nations pauvres récoltent des victimes. Croyant que les dollars changeront leur vie comparée à la basse monnaie de leur pays.

17) Utilisez des sites web avec logiciels juste pour localiser leur IP (http://www.wikihow.com/Trace une IP adresse,

http://forums.whatismyipaddress.com/viewforum.php?f=7).

À travers l'e-mail qui vous est donné pour traiter avec lui. Faites-le autant de fois que vous pouvez, et au cas où survient toute délocalisation ou changement brusque de lieu, s'il vous plaît retenez vos pas.

Car il ne doit jamais savoir que vous êtes sur vos gardes, ou, aussi puissant qu'il est dans sa capacité de se fondre dans la nature, il fabriquera une stratégie brûlante pour vous prendre froid et docile, dans le but pour lui de vous maintenir rattaché et vous mener doucement à votre ruine comme c'était prévu dans son plan initial.

Même si le site ne vous donnera pas tout au sujet de son adresse lorsque vous le traquerez, au moins son emplacement vous sera indiqué ; c'est la ville, les heures et dates pour vous de confirmer ses mots. C'est très simple.

18) Ayez la décence de ne pas compter souvent sur les transactions commerciales faites à travers le programme d'échange de devises. Par exemple, les compagnies de changement de devises populaires comme WESTERN UNION, MONEYGRAM ,ont cette politique populaire de retrait d'argent partout dans le monde , en vous autorisant à retirer de l'argent à vous envoyer depuis n'importe qu'elle parties du monde. Ceci fait du cyber arnaque une escroquerie très organisée, puisque vous n'avez pas besoin d'être exactement où vous prétendez être pour détourner la fortune d'une personne.

En d'autres termes, votre voisin peut être celui qui vous tue. Vous devez donc être très méfiant face à cette forme de négociation. C'est leur politique de transaction et nul ne peut la contredire.

19) Le soi-disant interlocuteur. Cette troisième partie, comme vue en partie dans les explications une et deux, est cet individu qui entre en lice quand la victime a déjà expédiée le courrier attendu par l'escroc, celui-ci se faisant alors passer pour un banquier, un agent de bureau central, etc.

D'où la nécessité de prendre toujours beaucoup de précautions et de ne jamais s'empresser, parce que ces types sont souvent les complices de l'arnaqueur et partagent les mêmes motifs que lui.

20) Soyons dans la vraie définition de la conférence : pourquoi un citoyen d'un pays vivant dans ce pays, aurait des difficultés à parler de façon adéquate le dialecte du milieu ? Pourquoi est-ce que son accent ne concorderait pas avec son lieu de séjour?

Ceci procure beaucoup de pitié de constater que des chemins très communs sont utilisés pour abuser de l'intellect d'êtres humains bien éduqués. Vous devez être sur le qui-vive lorsque vous faites affaire à l'international avec un individu qui prétend être d'une nationalité particulière.

Vous devez apprendre à poser la question initiale et lui faire répondre de son identité et au moindre cas de suspicion directe, arrêter l'affaire immédiatement ou alors, donnez-vous plus de temps pour réfléchir.

Vrai, tout le monde ne peut pas être intelligent à la fois. C'est pourquoi, vous apprendre à connaitre les réalités de ce milieu est la raison pour laquelle ce livre a été écrit.

21) Méfiez-vous de quelques professions. Il y a quelques individus qui se font passer pour des hommes religieux (prêtres, pasteurs, etc.), des avocats, des diplomates, des notables, des occupations qui donnent peu ou aucune envie à vouloir les questionner.

Un arnaqueur traversera toute porte pour obtenir ce qu'il veut dès lors que cela ne le blessera pas. Ils essaient par tous les moyens à être propres et ponctuels. Ce cas est lié généralement à ceux qui prétendent être les survivants de désastre naturel comme ce fut le cas d'Haïti. Où les fraudeurs ont vu un moyen propre et évident de s'enrichir à domicile. Vous pouvez apporter votre aide financière à travers une organisation bien connue qui le fait dans votre pays seulement ou dans votre région.

Ou alors si le montant que vous voulez donner est trop grand, alors répartissez-le à plusieurs organisations qui vont l'acheminer à cette même nation.

22) Les histoires dramatiques d'origine douteuse ne doivent pas avoir effet sur vous. Un simple cyber correspondance ne doit pas étendre de ficelles ou vous amener à cogiter sur des questions soudaines qui demandent une aide financière immédiate, tels des cas de santé, des problèmes juridiques, des questions liées à un voyage ou une demande de Visa, de l'investissement.

Mettez dans votre esprit que cet âge est passé pour un tel type d'escroquerie et vous êtes immunisé face à cela. Devant une telle demande d'une personne inconnue, référez-vous simplement à Google, Bing pour la recherche, parce qu'ils sont le berceau d'informations et références de gros calibre.

Vous devez apprendre à être très pragmatique dans ce que vous faites et dans votre manière d'aider. Soyez très sûr d'où et comment vous obtenez les informations avec les renvois physiques.

Bien qu'ils ne garantissent pas toute l'assurance mais au moins, vous avez un indice si vous voulez les évaluer pour savoir à quoi ils s'apparentent.

23) Apprenez à être sur le qui-vive. Soyez une personne assidue et maîtrisez vos investissements. Soyez toujours à l'affut du moindre renseignement.

Car vous aurez peut-être à affronter des individus qui prétendent être des représentants du gouvernement et qui vous proposeront gros (à travers richesse princière, héritage posthume, les contrats gouvernementaux surpayés, des diamants, etc.), en échange de sommes faramineuses chiffrées à des millions de dollars.

Ici les loups habillés en peau de brebis sont les maitres du jeu. A titre d'exemple, s'ils ont votre numéro de compte bancaire, vos adresses, numéros de téléphone, etc. ; vous vous retrouvez dans un gros problème dans votre propre pays.

L'expérience a prouvé que nous sommes tous des gloutons, des affamés, gourmands d'une façon ou d'une autre, l'accumulation d'argent étant notre souci premier.

Ceci étant, nous devons apprendre à contrôler notre moi lorsqu'il s'agit de cyber affaires avec des imposteurs, car rien n'est jamais gratuit.

24) S'il vous plaît, de la méfiance vis – à vis de la coalition 419, en réponse à l'attitude à adopter quand on ose traiter affaire avec les Nigérians et autres ouest -africains entre autres. Bien que nous l'ayons déjà répéter sous plusieurs formes, faites toujours vos transactions d'une manière officielle.

Nous le redisons, ne payez jamais aucun franc, peu importe les raisons, ne contractez jamais de crédit pour aucune raison peu importe la pression mise sur vous, ne jamais avancer aucun montant d'argent jusqu'à ce que votre banquier confirme que le chèque a été validé, n'attendez jamais aucune forme d'assistance du gouvernement nigérian ou autre.

Ne comptez jamais sur votre gouvernement pour vous tirer d'affaire si vous avez eu des ennuis provenant de cette ruse. C'est très sérieux et vous en avez été averti plus haut.

25) Une autre astuce de ces bandits consiste à vous faire parvenir des emails ou les spam. Vous recevrez alors des emails élégamment conçus, comme s'il s'agissait des banques officielles en ligne (PayPal, eBay, eMoney, etc.) au nom d'un négociant, vous demandant de confirmer vos informations personnelles.

C'est un très grand piège. Si vous n'aviez pas de relations de tel, pourquoi donner vos informations privées seulement parce qu'on vous a miroité de l'argent dont vous ne savez rien de la provenance ? De grâce, apprenez à faire de vos informations des tops secrets.

Deuxièmement, vous pouvez recevoir un email de site de paiement en ligne, se plaignant d'argent réclamé dans votre compte en ligne ou droits fiscaux inattendus que vous devez payer à travers les réseaux d'envoi et de réception d'argent .

S'il vous plaît soyez sur vos gades, les choses ne marchent pas comme cela. Plutôt que de faire cela, allez sur le site officiel où tout a commencé et faites-vous confirmer l'e-mail.

26) Élargissez votre imagination et votre créativité. Lisez des livres sur internet, cherchez les risques présentés par la forme d'affaire dans laquelle vous vous impliquez. Internet nous procure gratuitement, les avantages et les inconvénients de ce que nous projetons de faire, ou au moins un indice.

C'est une encyclopédie pour comprendre de façon adéquate chaque cas existant. Donc, au lieu de prendre un risque énorme en divulguant vos secrets privés sur vos économies ou richesses, foncez et créez une identité et un compte différent.

Alors, attendez que votre banquier vous confirme que le chèque ou l'argent déposé sont prêts pour usage. Si tel n'est pas le cas, ne jamais vous agiter, parce que vous pouvez le regretter amèrement.

Mieux vaut perdre deux mille dollars pour créer une barrière de sécurité pour vous et votre famille que de jeter des centaines de milliers de dollars sur une prétention disposant ainsi votre âme à un chagrin éternel, à des dettes, des problèmes judiciaires, des querelles, des instincts meurtriers ou le suicide.

27) Parce que les laisser avoir une influence sur vous à travers vos informations vitales tel le numéro du compte bancaire, offre un couloir

ouvert pour leurs plans, car ils aiment vous suggérer de déposer le chèque à l'étranger.

Leurre! Par exemple, dans le cas de l'escroquerie dite artistique, ils vous envoient un chèque de 50.000 dollars et vous demandent de leur avancer 10.000dls comptant pour quelques frais d'expédition. Avec certitude que dans deux ou quelques jours, le chèque à vous envoyer par eux sera confirmé dans votre compte.

Et quand vous constaterez qu'il vous prend une éternité pour entrer en possession, votre banque sera déjà en train de réclamer des justifications pour des traites impayées dans votre compte.

28) La plupart de ces gens se déplacent souvent avec des identités volées, puisqu' ils se spécialisent dans la création des comptes commerciaux dans leur pays ou même en dehors, les autorisant à encaisser des chèques frauduleux déposés par eux après quoi ils prennent la poudre d'escampette.

Et ceux-ci avec une petite agilité et une grande habileté dans les rouages financiers, vont vite et finissent avec un compte bourré fait sur le dos de leur victime.

Ce que nous voulons dire ici c'est que, les arnaqueurs seuls préfèrent y mettre fin immédiatement quand ils se font une victime à travers l'usage de la méthode de compte courant, en comparaison à celui qui exerce avec l'attitude nomade usant des gros moyens.

29) Immédiatement lorsque vous vous rendez compte que vous avez été victime de fraude, en ayant donné toutes vos informations vitales, appelez vite votre banquier et dites-lui d'avoir une vue de près sur votre compte désormais.

Ne perdez pas de temps, et si vous êtes chanceux, vous pouvez sauver les meubles avant qu'il ne soit trop tard, tout peut être encore intact. Mieux, créez un nouveau compte quand il faut négocier une affaire en ligne, et s'ils transfèrent de l'argent en tout cas, ce qui semble peu probable, parce qu'ils n'en n'ont pas, saisissez-vous en et attendez qu'ils viennent vous le réclamer.

30) Certains téléchargements peuvent être très dangereux, soyez très en alerte sur ce sur quoi vous CLIQUEZ, ouvrez et distribuez. Les ouvertures sûres sont suivies de ces extensions bmp, jpg, gif, png, tiff, jpeg, tga; quitter les .scr ou .exe.

31) N'utilisez pas de WI-FI publics pour transmettre des informations vitales, comme les questions ayant trait à votre situation bancaire, les questions d'achat, de négociation de contrat etc.

Ne donnez pas vos contacts personnels par emails en cas de doute, car la plupart des grandes compagnies qui négocient en ligne ne vous bombarderont jamais d'emails exigeant ceci ou cela.

Si vous vous retrouvez dans ce genre de dilemme, appelez juste la compagnie impliquée et vérifiez directement, que de risquer l'économie d'une vie entière.

19 Les Prières Pour La Contre-Attaque

Le seul chemin par lequel nous pouvons combattre le mal, c'est de nous en remettre à Dieu, de requérir son secours. Il est la lumière et le seul chemin. Des prières peuvent lui être adressées avant d'entrer dans une quelconque affaire, pendant une affaire ou après avoir été victime. Mais, c'est mieux en entrant dans une affaire, en particulier si vous avez des doutes.

Ouverture

Dieu, viens à mon aide

Seigneur, à notre secours

Gloire au Père, au Fils, et au Saint Esprit

Au Dieu qui est, qui était, et qui sera

Pour les siècles des. Amen

Prière 1

Vous tous nombre d'ennemies de la Sainte Mort de mon maitre Jésus Christ sur la croix du Calvaire, le prince de l'obscurité et l'iniquité, le père de tous les menteurs; je suis debout sur la mort de mon maitre Jésus Christ et offre ses douleurs, blessures et son précieux sang de sa main gauche au père Eternel, pour votre chute, votre destruction et votre flagellation. Amen

Prière 2

Adoration! Adoration! Adoration!!! A toi

O ! Puissante arme;

Adoration! Adoration! Adoration!!! A ton Précieux Sang

Pitie Agonisant Jésus Christ pour ton Précieux sang sur les amés

Satisfait notre soif et défi l'ennemi. Amen

Puissant Sang du Salut, combat l'ennemi. Amen

20 Comment Déposer Une Plainte

Comme mentionné à l'introduction de cet ouvrage, la cyber arnaque agit comme un logiciel qui subit des mises à jour rapides et constantes. Tant qu'il y aura des victimes à se faire aisément à travers le monde entier, cela suffira pour développer de nouveaux styles, et tout le reste suivra, avant qu'ils n'arrivent aux quartiers généraux d'Interpol ou du FBI ou de la police locale.

Ou si l'on se trouve dans un pays sous développé, la tentation peut être très poussée aussi souvent que les flics succombent au pot-de-vin plutôt que de dénoncer les coupables une fois appréhendés.

Bien qu'en réalité, quelques individus capturés font immédiatement usage de leurs contacts hauts placés ; avec un seul coup de fil, l'affaire est résolue. Comme nous le savons tous, la plupart des gouvernements ou polices sont reconnus pour être le corps le plus corrompu sur terre. Il est toujours recommandé de déposer votre plainte. Car nul ne sait si votre cas pourra toujours être mis en lumière.

a) Assemblez toutes les références qui vous sont fournies sur les emails envoyés (avec l'information de l'en-tête pleine du message), depuis le premier jour de votre communication, si possible avec les références de date; ainsi ceci aiderait à tracer la provenance et déterminer l'origine du message.

b) Rassemblez toutes les références concernant tous les transferts d'argent effectués, cela confirmera vos envois.

c) Le nom ou un état nominatif de gens qui ont été contactés (les surnoms utilisés, télécopies, numéros de téléphone, les copies de courriers échangés, si possible les coups de téléphone enregistrés.)

d) Ajouter toutes autres formes d'informations importantes qui peuvent être d'une aide, comme la description de sa voix ou l'attitude distinguée lors de la discussion etc.   .
(http://www.straightshooter.net/help_for_fraud_vic tims.htm)

21 Ou Déposer Une Plainte

Déposer une plainte s'accompagne toujours de douleurs et regrets car même si la probabilité d'attraper le coupable est très faible, la vérité a toujours de fortes chances de triompher.

Les cas mineurs ne sont pas toujours pris au sérieux par les corps impliqués jusqu'à ce que les sommes commencent à se chiffrer presque en centaines de milliers de dollars.

Le pire est à craindre si les coupables sont basés à l'étranger ou dans un continent comme l'Afrique, car la probabilité sûre de récupérer l'argent devient quasi impossible, même lorsque ces bandits sont capturés.

1) Au Nigéria au commissariat de l'Infraction Economique et Financier (EFCC). http://www.efccnigeria.org /

2) l'Ambassade Nigériane ou haut-commissariat dans votre pays de résidence.

3) Agence Nationale de la Mise en application des Lois et Les Représentations diplomatiques étrangères dans votre pays.

4) Spam de réseau - Cop qui a la capacité de traquer les comptes des emails des fraudeurs en dépit de l'ISP ils utilisent et débarquent à leur point d'origine d'entrée dans le monde.

5) Au fournisseur Yahoo. abuse@yahoo.com. en en-tête, lui demander la fermeture.

6) Google ou fournisseur Gmail. abuse@gmail.com. en en-tête, lui demander fermeture.

7) Au fournisseur Hotmail. abuse@hotmail.com. en en-tête, lui demander fermeture.

8) Service Secret Américain.

9) Bureau FBI local.

10) Service de l'Inspection Postal Américain.

11) l'Assistance de la Plainte d'Ordre du Commerce Fédéral. (spam@uce.gov)

12) INTERPOL (Police Internationale)

13) BEFTI (les 'Enquêtes de la Brigade et Fraudes aux Technologies de l'Information)

13) d'Italie,75 d'avenue 013 Paris.

14) eBay spoof@ebay.com (emails eBay relatif à)

15) PayPal spoof@paypal.com (emails PayPal relatif à)

16) Citi emailspoof@citigroup.com (emails Citi relatif à)

17) l'Internet Infraction Plainte Centre (IC3)

18) Banque Centrale du Nigeria. Unité anti-corruption anticorruptionunit@cenbank.org et devrait faire si surtout si CBN est mentionné dans la méthode 419

19) Pour les Australiens. Section criminelle ouest africaine pour l'Australie à (er-waoc@afp.gov.au)

20) Pour les Belges. Police Fédérale belge à contact@fccu.be

21) Pour Canadien. Phonebusters info@phonebusters.com ou sur le site web de la Police royale du Canada (RCMP/GRC)pour la Hollande. Au Ministère national de la Fraude et service des renseignements Criminel de la Hollande (le " sujet devrait être APOLLO - PERTE " WACN@klpd.politie.nl ') Projet Apollo (PERTE ou AUCUNE PERTE)

Korps Landelijke Politiediensten, Postbus 3016, 2700 KX Zoetermeer, La Hollande, Téléphonent à non. : 0031 - 79 - 3458900, Fax.no.: 0031 - 79 - 3459100

22) Pour les sud-africains , à la Branche Commerciale, service de police sud-africaine , Bureau général de Surveillance SC Schambriel à fac-similé nombre +27 12 339 1202, numéro de téléphone + 27 12 339 1203 ou e-mail hq.commercial@saps.org.za. S'il vous plaît

mentionner si vous avez ou pas subi toute perte financière.

23) Pour les Anglais. Les The London Métropolitain Police web site concernant les problèmes de fraude: http://www.met.police.uk/fraudalert/419.htm meilleurs sites de référencement des arnaqueurs mondiaux Avec leurs photos, emplacements, Facebook pagine, multi - sobriquets, emails de l'escroquerie de l'échantillon, multi - téléphone compte etc.:

a) www.419scammersexposed.com

b) www.aa419.org

c) www.Hoaxbuster.com

22 Exemple Des Lettres Utilisées Pour Atteindre Les Victimes Dans Le Monde

Salut cher, Mon nom est Edna Edgard j'ai vu votre profil sur le travail de filet de médias sociaux et est devenu intéressé à vous connaître, et être votre ami s'il vous plaît écrivez-moi à travers mon adresse email (ednaslove4 @ yahoo.com) ainsi je peux vous envoyer mon photo et vous en dire plus sur moi

Merci

Edna,

Mon nom est Marry j'ai vu votre profil aujourd'hui et m'intéresse à vous, j'aime aussi savoir la relation de plus en base sur la vérité et de confiance avec vous, je veux que vous envoyez un mail à mon adresse email afin que je puisse vous donner mon d'image pour vous de qui je suis mon email id est ici marry_42siako @ (yahoo). com

Je suis en attente de votre mail à mon adresse email ci-dessus, s'il vous plaît, j'ai quelque chose de très important, je veux dire à you. i crois que nous pouvons commencer à partir d'ici!

Rappelez-vous que la distance ou la couleur de la race dis peu,

marry. . (marry_42siako @ (yahoo). Com

Salut cher Comment faites-vous aujourd'hui? bel espoir?. Mon nom est Zina. Je viens de découvrir votre profil aujourd'hui à badoo et après avoir traversé l'on trouve intéressant. Si vous avez envie de savoir plus sur moi et pour moi de vous envoyer ma photo, vous pouvez m'envoyer un mail à (Zinababy4u@y a h o o. com) Nous espérons avoir de vos nouvelles bientôt et n'oubliez pas que la distance ou la couleur n'a aucune importance, mais les questions véritable amour, une bonne journée.

Zina. (Zinababy4u@y a h o o. com)

Hello My dear,

I am well pleased to contact you after going through your profile today on my search for relationship. To me age, distance, race and color do not matter; rather what i value most is the understanding and love that will exist between us. So in a specially manner i will like to further communication with you so as for us to know each other well, if you share the same view with me you can reach me through my personal email address, try to tell me more about you, in reply i will tell you more about myself with my picture. Here is my email(joy_4u4@y a h o o. c o m). I am looking forward to read from you. Yours new friend, (joy) PLS DON'T FORGET TO E-MAIL ME HERE ON(joy_4u4@y a h o o. c o m) FOR MORE EXPLAINATION

Siège social d`Apple

Rhodes Way Watford

Hertfordshire WD264YW

Bureau de Londres Royaume-Uni

Nous sommes heureux de vous informer que votre adresse e-mail que vous a remporté un prix dans l'actuel Apple I Phone anniversaire prix telle qu'elle est organisée par l'Apple Inc. London, Royaume-Uni.

Le Centre anniversaire de Apple Inc. a choisi au hasard 10 adresses e-mail par un système de vote d'ordinateur pour recevoir un prix de huit cent cinquante mille livres sterling (GBP 850.000,00) chacun comme une partie de leur promotion à but lucratif aile philanthropique. Prix doit être réclamé par le propriétaire de l'e-mail uniquement, au plus tard 21 jours après la date de notification. Code de référence: Apple09/294/M-3 Numéro de dossier: G12 / 1. Les heureux gagnants doivent garder à l'esprit que ce prix vient avec un cadeau d'une nouvelle iphone5s Apple.

NOTE: Pour les demandes, de bien vouloir envoyer vos renseignements personnels avec vos attribution Ref No et à nous de cet e-mail Identifiant: (appledept2013@qq.com)

. 1 Nom complet:

. 2 Adresse de contact:

. 3 Pays:

. 4 Téléphone:

5. État civil:

. 6 Profession:

. 7 Sexe:

. 8 Age:

9. Email:

Félicitations une fois de plus de nos membres du personnel et je vous remercie de faire partie de notre programme promotionnel

Cordialement,

Dr Gideon Brown.

Tel: +448712341439

INDEMNISATION DES NATIONS UNIES FONDS

C'est à porter à votre connaissance que nous, la République du Bénin Nations Unies sont déléguées à vous informer depuis les bureaux des Nations Unies à payer 10 personnes de la République du Bénin victimes de l'escroquerie(419) 2.200,000.000 $ USD chacun, votre E-mail sont répertoriés et approuvé pour cette paiements l'une des victimes arnaque, Sur cette fidèles recommandations, nous voulons que vous sachiez que lors de la dernière réunion de l'ONU qui s'est tenue à Porto Novo, la capitale de la République du Bénin,

Il a été alarmé tant par le reste du monde à la réunion sur le perdre de fonds par de nombreux étrangers aux escroqueries artistes opérant dans les syndicats partout dans le monde d'aujourd'hui, le président du pays DR. Yayi Boni est en train de payer 10 victimes de cette opérateurs 2.200,000.000 $ USD chacun, en raison de la corruption et l'inefficacité des systèmes bancaires en République du Bénin.

Nous avons déposé votre fonds à la Banque de l'Afrique de bureau (BOA) emplacement SME Poster Cotonou République du Bénin. Nous avons soumis vos informations à leur disposition afin que votre fonds peut être transféré, bureau de paiement de contact Bank Of Africa (BOA) à travers indiqué ci-dessous, le bureau va transférer le fonds à vous. Ses renseignements

Nom du contact du directeur

MRS. JESSICA MICHAEL

Nom de la banque: Bank Of Africa

Email: bankofafrica@mail15.com

Dites: +229-9855-6965.

Cordialement,

Dr.Frank Christ Ali

Coordonnatrice adjointe des Nations Unies

République du Bénin, Afrique de l'Ouest.

....

Nous contacter directement à l'ONU

Office des Nations Unies Bureau Bénin RP.

Email: unitednationoffice@fromru.com

Salutations et que Dieu vous bénisse,

Avec respect, je dois m'excuser pour ce message non sollicité, je suis conscient que ce n'est certainement pas une façon classique d'aborder une personne inconsciente pour l'établissement de projet. Mais j'insiste respectueusement vous lisez ce message attentivement avant de prendre une décision, soit de procéder ou supprimez mon message comme je suis optimiste, il sera couronnée de succès pour avantage financier inimaginable. mais, jusqu'à présent, je n'ai pas entendu parler de vous, j'espère que tout va bien avec vous et votre famille. Mon nom est Maria BONGI Ntuli actuellement sous-ministre du développement social de l'Afrique du Sud. Je n'ai occupé plusieurs postes en direction de Nation Building.

Vous pouvez consulter mon profil à www.gov.za clic sur le contact du gouvernement, cliquez sur les sous-ministères et de localiser le développement social et de lire sur moi.

Je suis marié à la fin a M. Zuma Ntuli et le mariage a duré 25 années avec seulement un enfant. Mon mari est mort d'une maladie qui a duré seulement six semaines. Je sais que mon message peut venir à vous comme une surprise, raison pour laquelle nous n'avons pas vu ou rencontrer avant. Je sollicite votre aide, car je suis divinement dirigé.

Avant la mort de mon mari, nous étions pur chrétiens nés de nouveau. Quand mon mari était vivant, nous avons déposé la somme de $ 30.5million nous dollars dans une institution financière ici dans mon pays, et le fonds émanait à la suite d'un contrat sur la facture qu'il a fait avec mon ancien ministère. Bien que je l'ai aidé à obtenir le contrat, mais je ne savais pas qu'il sur gonflé contrat. Le gouvernement nous sommes sous le camarade Jacob Zuma (Le président actuel de mon pays, l'Afrique du Sud) est venu avec une politique pour examiner les contrats passés il ya des années, et il est prêt à confisquer les fonds avec une tendre irrégulière, donc c'est ma raison de contact mon contact avec vous.

Récemment, mon docteur m'a dit que je ne vais pas durer jusqu'à six mois, à cause de mon diagnostic de cancer. Mon problème le plus urgent est la course, que je dirigeais avant ce nouveau cas médical. Après avoir su mon état j'ai décidé de donner ces fonds à une église ou mieux encore, une personne chrétienne qui utilisera cet argent la manière que je vais instruire ici po Je veux une personne ou d'une église qui utilisera ce fonds pour les églises, les orphelinats , des centres de recherche et les veuves se propageant le travail / parole de Dieu et à faire en sorte que la maison de Dieu est maintenue. La Bible nous a fait comprendre que bénie est la main qui donne. J'ai pris cette décision parce que j'ai un enfant qui héritera de cet argent, mais mon fils ne peux pas faire ce travail seulement parce que moi et mon mari décide d'utiliser une partie de l'argent à travailler pour Dieu et vivre un peu pour notre fils d'avoir une mieux vivre. Notre fils est juste 15 années vieux maintenant, et grandit en Afrique ici, il a une faible maturité et donc contraire c'est aussi un! des raisons pour prendre cette décision audacieuse. Je n'ai pas peur de la mort par conséquent je sais que je vais être dans le sein du Seigneur. Exode 14 VS 14 dit que le seigneur défendra ma cause et je me tairai.

Je voudrais que vous compreniez que mon contact est pour vous un sens divin de Dieu; Dès que je recevrai votre réponse je vous donnerai le contact de la Finance / banque. Je vous publierai également une lettre d'autorisation qui vous permettront comme le nouveau bénéficiaire de ce fonds.

Mon bonheur est que je vis une vie d'un croyant digne EN DIEU TOUT-PUISSANT. Tout retard dans votre réponse me donnera à manger dans le sourcing pour une église ou une personne chrétienne dans ce même but.

S'il vous plaît m'assurer que vous agirez en conséquence comme je l'ai dit ici et je vais S'il vous plaît que vous me contactez immédiatement vous recevez ce mail afin que je vais demander la Finance / banque! Transférer ce fonds dans votre compte pour plus d'utilité.

Correspondance doit être par courrier électronique à un de mes adresses e-mail privé: mantuli1956@gmail.com

Ne pas appeler mon BUREAU.

Restez béni dans le nom du Seigneur Dieu Tout-Puissant.

Mme MARIA BONGI Ntuli

PRENNENT NOTE S'IL VOUS PLAÎT: Répondre seulement à cette adresse e-mail privé: mantuli1956@gmail.com

Compliments,

J'ai obtenu votre contact à partir d'un répertoire des entreprises. J'ai décidé de vous contacter pour une entreprise avec mon entreprise. L'entreprise où je travaille avec est dans la fabrication de matériaux pharmaceutiques. Il est une matière première que l'entreprise a utilisé pour m'envoyer en Inde pour acheter.

En ce moment, j'ai été promu au poste de directeur. La société ne peut pas me envoyer à l'Inde de nouveau; ils vont envoyer un personnel plus junior. Le directeur a demandé le contact du fournisseur en Inde. J'ai besoin d'une personne que je vais présenter à la société en tant que fournisseur de l'Inde. Vous allez maintenant acheter le directeur a demandé le contact du fournisseur en Inde. J'ai besoin d'une personne que je vais présenter à la société en tant que fournisseur de l'Inde. Vous allez maintenant acheter le produit auprès du revendeur local et fournir à ma compagnie.

Le bénéfice sera partagé entre vous et moi pourquoi je ne veux pas l'entreprise d'avoir un contact direct du concessionnaire local est que, je ne veux pas l'entreprise de connaître le prix réel j'achetais le produit.

SI VOUS ETES INTERESSE S'IL VOUS PLAÎT NE REVENEZ POUR MOI POUR PLUS DETAILS.ON Mon email peter.oscar86 @ yahoo.co.uk

Attendant humblement votre réponse positive à ma demande.

Cordialement,

Dr. Peter Oscar

Email peter.oscar86 @ yahoo.co.uk

L' Reserve Bank of India

ELECTRONIC DEPT DE TRANSFERT , 6 , SANSAD MARG ,

JANPATH , NEW DELHI , H.O. 110001 ,

NEW DELHI .

Notre ref: RBI/0A2/8138061

Fichier : rbi/Blo4/f12

Montant du paiement: Rs 4,61,00,000

Reserve Bank of India OFFICIEL DE PAIEMENT NOTIFICATION

Cher bénéficiaire :

Ceci est pour vous aviser de toute urgence que le nouvellement nommé gouverneur RBI M. Raghuram Rajan Govinda a ordonné le transfert immédiat de tous les fonds en instance à la fois du transfert interne au ministère de change / remise en RBI , ce fonds comprend de contrat , les fonds hérités , loterie gagnant fonds et tout type de transfert en suspens en raison d'une raison ou l'autre . La décision a été prise après la rencontre avec le gouverneur équipe de l'économie de la nation quelques heures après sa nomination de bureau .

Le but est de savoir comment stimuler et améliorer l'économie. Approuvé le transfert de tous les fonds en attendant le bénéficiaire légitime pour que les fonds peuvent être en circulation . Rs / 4 crore 61 Lakh a été approuvé par le gouverneur pour un transfert immédiat . Nous vous prions de remplir le formulaire ci-dessous correctement et effectuer le paiement de Rs.20 , 500 Frais de comptabilisation pour nous permettre de rendre ce transfert effectif immédiatement. Remplissez le formulaire ci-dessous pour vérification et envoyer à: customercare@indiarbi.co.in

. Une complète des noms :

. 2 Résidentiel Adresse:

. 3 Nombre mobile :

. 4 Profession :

5 Sexe: . __ Âge:

. 6 Nationalité :

7. Coordonnées bancaires :

8 E-mail id . :

9 . Et assurez-vous également que vous envoyez votre identifiant preuve .

Reserve Bank of India ..... BANCAIRE EST LE SECTEUR ..... CROISSANCE ÉCONOMIQUE EST NOTRE PRIORITÉ

La gestion de la RBI

M. Raghuram Rajan Govinda

R.B.I GOUVERNEUR .

Email : customercare@indiarbi.co.in

ZENITH INTERNATIONAL BANK PLC .

Zenith Holdings Plc

8 Canada Square .

Victoria Island.Road E14 5HQ . New York

Téléphone: (+12393007114)

Attention : Attention : Attention ,

Je sais que cette lettre viendra à vous comme une surprise, mais je veux que vous lisiez avec la maturité. Ce jour-ci , une certaine Mme Cynthia Edward , est venu à mon bureau pour nous faire savoir que vous êtes morts, et avant votre décès , vous lui ordonna de venir à la demande de votre capital à hauteur de US $ 2 Million qui a été longtemps abandonné en votre nom auprès de cette banque (ZENITH bANQUE INTERNATIONALE

PLC) c'est ce que nous voulons vérifier auprès de vous avant de faire le paiement à qui est venu pour la demande .

(: I) Avez-vous autorisé Mme Cynthia Edward de venir à votre demande ?

(ii) Êtes-vous vraiment mort ou vivant?

Si (NO) vous êtes par les présentes avis de confirmer les détails de ce message dans les 24 heures , d'où vos fonds sont câblés sur son compte sans plus de retard .

Enfin, vous êtes encouragé de confirmer les détails de ce message et revenir immédiatement à ces informations \ ' s

Ci-dessous ..

. 1 Nom complet: ....

. 2 Direct numéro de téléphone : ...

. 3 Adresse : ....

4 . Votre identification personnel pour nous permettre de confirme que vous n'êtes pas mort. ci-dessus doivent être fournies pour la reconfirmation pour nous permettre de faire le paiement à vous.

Nous attendons votre réponse urgente aujourd'hui. Vous devez agir très rapidement , parce que si cette banque attend votre réponse urgente dans les trois jours ouvrables et n'a pas reçu de message de votre part , vous serez considérez morts, et votre fonds seront transférer à Mme Cynthia Edward .

Voici un compte fournir par Mme Cynthia Edward à cette banque , vous êtes aussi celui qui lui demande de fournir ce compte bancaire à nous ?

Washington Mutual Bank

2075 S. Victoria Ave

Ventura , CA 93003

800 788-7000

Acct . Nom: Mme Cynthia Edward .

Type: Vérification

ABA # 322271627

N ° de compte 1951204345

Montant : 2 US $, millions .

En outre, cette banque a découvert que vous avez fait affaire avec quelques mauvaises œufs fonctionnaires qui vole un peu d'argent de votre part sans faire la bonne chose , comme des conseils pour arrêter la communication avec eux , vos fonds est

maintenant approuvé pour le paiement , suivez la procédure menant. Il faut une droit demande d'attention urgente cet message , la banque est en attente de vous entendre ; ne pas appeler ce numéro ci-dessous direct.

Direct Mobile Hot Line : (+12393007114)

Cordialement,

M. Jim Ovia .

Chef des opérations comptables

Cher . ami ,

Le président du Nigeria Dr Jonathan Ebele Good Luck , et le secrétaire de l'Organisation des Nations Unies, a demandé en collaboration avec la Banque centrale du Nigeria Plc que 20 victimes de l'escroquerie devraient être payés une commission de la rémunération de 3,5 millions de dollars.

Revenir à moi si vous voulez faire partie de cette nouvelle résolution et ne communiquent pas ou dupliquer ce message à une quelconque

Comme , le service secret américain , le FBI, et EFCC sont déjà sur la trace des criminels restants .

Les paiements doivent être payés par l'Unité fédérale Compte de réserve , une aide financière par la Zenith Bank Nigeria Pl c .

Personne à contacter:

Nom : M. Paul Martin Sam

Email : mrpaulsammartin23@yahoo.co.jp

ligne de sécurité directe : +234 816 679 5893

Cordialement ,

Rev Mme paix Uwem

Sécrétoire au bureau de la présidence .

Je suis M. Tan Yoke Kong et j'ai un truc confidentiel de Hong Kong , je vous demande de partenariat en re-profilage des fonds de 18,6 M $ souhait est dollars . Votre coopération sincère est prévu et je dois vous fournir avec les détails et les procédures, sur la réception de votre réponse à mon e-mail: (tkong10@qq.com) Merci et mes salutations .

BG Group plc Thames Valley Park, Reading,
Berkshire, RG6 1PTUnited Uni

Cher partenaire

Il est un fait que nous nous sommes pas rencontré
avant ni nous avons eu des relations d' affaires
antérieures , mais je crois fermement que la
compréhension et la confiance que nous pouvons avoir
une relation d'affaires fructueuse . Je suis un
personnel principale avec Oil & Gas Compagnie { BG
GROUP } Royaume-Uni.

-J`accès à l'information très important qui peut être
utilisé pour transférer des fonds sur le compte du
projet à un compte sécurisé en dehors Royaume-Uni .
J'ai les mécanismes nécessaires pour y arriver depuis
que je suis toujours en service actif . S'il était possible
pour moi de le faire seul, je n'aurais pas pris la peine
de solliciter un soutien extérieur, en fin de compte j'ai
besoin d'un étranger honnête de jouer un rôle
important dans la réalisation de cette activité
beaucoup .

J'ai hâte de vous rencontrer en personne et faire de
bonnes affaires avec vous et s'il vous plaît traite de
façon confidentielle .

J'attends votre lettre d'intention de collaborer avec moi

sincèrement

Malcom Brown

EMAIL: mrmbrown191@gmail.com

Bonjour ,

À QUI DE DROIT

J'ai reçu de votre adresse e-mail sur le WEB et je m'excuse si . Cependant , ma priorité majeure de communiquer avec vous est de proposer un accord qui exige une exécution immédiate et rapide . Je vais vous donner tous les détails nécessaires sur moi une fois la confiance établie entre nous. S'il vous plaît lire attentivement et de revenir à moi, mais vous avez l'obligation de refuser si vous n'êtes pas intéressé.

Je suis Preston parmi les troupes américaines envoyées en Jordanie pour aider les efforts pour contenir la violence le long de la frontière syrienne et le plan pour toutes les opérations nécessaires pour assurer la sécurité des armes chimiques en Syrie . , . Je suis actuellement à la Force US Marine sur la surveillance et mission de maintien de la paix en Jordanie Syrie frontaliers en ce moment .

Ce jour Août 2013, nous avons obtenu des informations sur une terreur camp d'armes chimiques existant à Damas . Après l'invasion immédiate , nous avons conquis et succès dissous le camp capturer quelques membres de ce groupe . Dans le processus de leur interrogatoire, ils ont avoué être les rebelles se sont rendus secrètement par la Syrie sanctionner anciens hommes de poste sous- commandant et un ancien chef de groupe Jordanie , et ils nous ont emmenés dans une grotte dans Dimashq , qui a servi de camp de laboratoire de chimie .

Ici , nous avons récupéré les marchandises assorties et espèces sonnantes et trébuchantes dans des devises différentes , la course en trillion de millions de livres et en euros . Nous avons décidé de retourner dans l'autre les marchandises et garder l'argent . Frank parler , il a été partagé entre nous . ce n'était pas notre faute, mais qui jamais travailler doit obtenir de son travail acharné et aussi pour maintenir la paix et un esprit parmi nous . J'ai en ma possession la somme de (GBP £ 950,000) et une qualité poussière d'or / Bars : pureté 99/9 que ma part. Parmi les 8 soldats rester énormes quantités. De retour au gouvernement militaire qui est normal pour eux que nous envoyer .

C'est là que réside le problème. Comme un officier de l'armée , je suis pas censé avoir cet argent en ma possession . C'est pourquoi je suis en vif besoin d'une fiducie digne homme / femme fiable et qui recevra l'argent , sécurisé et protéger jusqu'à mon arrivée qui devrait être bientôt. Je dois prendre cette chance parce que, je n'ai pas d'autre choix que de faire confiance à quelqu'un d'ailleurs, mon temps est écoulé rapidement

, Tout ce que j'ai est ma petite fille et elle mérite une vie décente car je suis actuellement incapable et seront soulagés de mon devoir , une fois je suis libéré du camp de base . Je vais déménager à vous rencontrer avec ma fille ou envoyé ma fille à vous rencontrer sur et d'investir l'argent conformément à la loi , vos conseils et votre aide sera nécessaire . Nous pouvons travailler ensemble et atteindre un meilleur avenir pour nos familles.

Tout ce que je demande, c'est , permettez-moi de m'inscrire l'envoi à votre nom en tant que trésor de famille et on s'attend à récupérer une fois qu'il est envoyé pour atteindre vos résidents ok . Il n'y aura pas de risque dans cette affaire ; C'est comme expédition normale . J'ai fait les arrangements nécessaires au transport sûr de l'argent à votre emplacement préféré . Je suppose que vous êtes capable de gérer un report d'expédition de main de cette ampleur et aussi vous confiance pour maintenir le secret absolu et confidentialité afin de protéger cette grande réalisation . En moins de 7 jours de l'argent devrait être en votre possession si vous êtes rapide de votre part . Méfiez-vous , j'ai pris des mesures de précaution pour assurer l' argent. La boîte est codée avec un gadget de haute sécurité . Je vais vous donner 30 % de l'argent et 70 % pour moi . Je crois que c'est un traitement équitable , mais vous êtes invités à négocier . S'il vous plaît déclarer votre intérêt en envoyant les informations suivantes .

Nom complet ....

Adresse complète de réception ....

Numéro de téléphone direct ....

Occupation ....

Nationalité ....

Je prévois votre réponse positive et la réception de vos informations , je vais dévoiler mon identité complète . Et comme une promesse de militaire ne peut divulguer vos informations en dehors de la personne en cause est en cours d'expédition . Nous n'avons pas le luxe de perdre du temps si gentiment de répondre dès que possible. Tout le courrier de votre part doit être envoyer réception et transmis à cet e-mail ID

Cordialement

Phil Preston . S

Salutations à vous

Mon nom est Vivian , je passé par votre

profil et il est tout à fait

intéressant pour moi , si vous pouvez me contacter avec mon

email privé ici (vivian_apia@yahoo.com)

Je vais vous donner mes photos à partir de là et

vous en dire plus sur moi-même grâce ,

Vivian .

Cher ami ,

Le coup de départ le paludisme 2013 Initiative en partenariat avec MFI (organisation paludisme) situé à Spencer Way Stone Mountain Géorgie Etats-Unis organise une conférence mondiale conjointe mondiale du paludisme sur le traitement , l'élimination et la prévention . La 1ère phase aura lieu du 21 - 24th Octobre 2013 à la Géorgie aux États-Unis alors que la 2ème phase tiendra à Athènes en Grèce l'Europe du 27 - . 30 Octobre 2013 Dans notre demande d'inviter les gens de différents pays à travers le monde , nous vous contactons à titre personnel , des ONG ou des étudiants à l'intérêt de Kick paludisme OUT ! 2013.

Si vous êtes intéressé à participer et que vous souhaitez représenter votre pays , vous pouvez contacter le comité d'organisation pour plus de détails et d'informations. Vous devez indiquer dans votre e-mail que vous avez été invité par moi (Miss Valentina Blanc), un membre des Hedge Funds vs initiative contre le paludisme et un partenaire dans l'IMF (Organisation paludisme) .

Le Comité Sponsors / Organisation fournira billets rondes d'air de voyage et d'hébergement à tous les participants inscrits , pour le moment prévu aux Etats-Unis Si vous êtes un détenteur de passeport qui peut exiger de visa pour entrer aux États-Unis , vous pouvez en informer le secrétariat de la conférence à l' moment de l'inscription , le comité organisateur est responsable de tous les visas et les accords d'assistance Voyage.

Je vais être sur un terrain de vous accueillir quand vous arrivez.

Contactez le comité Organisation indiquant votre intérêt par courriel (harrisonedmondssecretary_mfi@usa.com)en répondant à cette invitation.

Vous pouvez revenir à moi en répondant à cette invitation. (valentinab_mfi@globomail.com)

Cordialement,

Miss Valentina Blanc .

S'il vous plaît cher , je suis désolé pour cette gêne à votre e –mail.

Je suisle Dr Mme Conon Webster 31yrs d`origine d'Haïti marié ici en Royaume-Uni , mais ailleurs étant veuve depuis six mois et laissé seul avec deux enfants Loveth et Loarel .

Je me retouvais à votre e -mail alors que je cherchais à travers Google pour pays ou la stabilité est bonne avec une personne honnête qui peut se présenter comme mon partenaire pour m'aider développer un investissement rentable pour la fonction de mes enfants parce que la méchante famille de mon mari sont après moi et mes enfants .

Je voudrais, si c'est la volonté de Dieu, nous pouvons commencer à partir d'ici pour construire cette relation avec l'esprit sincèrement jusqu'à ce que nous rencontrons face à face.

Mais pour notre meilleure présentation voici mon email

e-mail ; claraconon@yahoo.co.uk

Bonjour ,

Pas Autre moins de Communiquer avec Vous . C'EST Pourquoi je fais parvenir mes envies par CE courrier . Je suis Dans Le désespoir et mon cœur saigne au moment où j'écrire. j'espère Qui retiendra Votre attention . Je vous prie Tout d' Abord de m'excuser pour Tous les désagréments Que mon courrier puis Vous donner .

C'EST Avec Un Réel plaisir Que Je vous contacte DEPUIS Abidjan la capitale économique de la Côte d'Ivoire (Afrique de l'ouest) . J'ai prie suspensions de PLUSIEURS jours et l'après CELA J'ai Choisi De vous contacter rapide Parmi PLUSIEURS AUTRES PERSONNES , Vous êtes la recommandation de ma prière , Fait juin personne honorable et digne de Confiance . AINSI je N'ai Aucune hésitation à me fier à vous, l' idée de Vous initiatives Écrire m'est Arrivé d' Nécessité juin et d' frustration juin Qui a verser les questions de la base des perturbations de ma famille .

JE SUIS Boga fils ainé de feu Emile Boga Doudou , l' ancien directeur de cabinet du ministre d'Etat et l' ancien Ministre de l'Intérieur de la Côte d'Ivoire (Afrique de l'ouest) Qui était Emile -junior assassiné Le 06 mars 2011 seillers d' coup d'Etat manqué , Bien avant sa mort , mon père avait Déposé Dans Une compagnie de sécurité Deux malles Métalliques container juin Sommes Totale de Vingt Quatre millions Cinq Cent Mille Euros (24.500.000 €) .

En Ce jour , le gouvernement du président Alassane Ouattara , l'après enquêtes , ILS Ont confisqués Tous Les Biens Que mon père Nous à Laissé avant sa mort , AINSI Que Tous Les Biens des hommes du Gouvernement de Laurent Gbagbo , ex -président de la république de Côte d' Ivoire . Les malles Que mon père un Laissé DANS cette compagnie de sécurité était Epargne puisque mon père et moi étions au courant de l'existence , en plus de mon père un fait salle Sorte DE FAIRE croire au Directeur de La Compagnie de Sécurité Que CES malles contiennes des Biens de famille .

Si Je vous contacte Aujourd'hui C'est Pour solliciter Votre bienveillance versez Que Vous SOYEZ en Quelque Sorte mon parrain , l'âge de mon vu de file ne me Permet Pas de Prendre possession des malles, je voudrais Que Vous contactez la compagnie de sécurité Où se Trouve Les malles versez Que la mutation Soit Faite en Votre nom , et permettre Que je puisse VENIR continuateur mes études DANS Votre paie et aussi d' Investir les 24.500.000 € Que mon père M'a Laissé avant sa mort Dans sous Domaines d ' Investissement au Québec Pensant Rentables , raison vers laquelle je vous proposent Que la mutation Soit Faite a Votre nom .

Je m'engage a vous Donner 30 % des fonds se trouvant DANS CE compte Comme Récompense et 5

% pour les dépenses EFFECTUEES , Le Reste servira à Investir DANS Votre paie .

S`il vous plait me répondre à l' Adresse suivante : emilejunior.boga @ laposte.net .

Dans L' attente de Votre Réponse , recevez À Travers This LETTRE Tous mes sentiments dévoués ainsi que Les .

Que DIEU bénisse Vous Vous et Votre famille .

Votre fils .

Emile Boga -junior

Bonjour ,

Heureux de Vous connaitre . Je ne suis pas préoccupé par votre nationalité, la race , l'âge et la religion . Amitié n'a pas la langue " amitié est un symbole d'éternité qui efface toute notion du temps ,

enlever toute la mémoire d'un commencement et toute crainte d'une fin . " L'âge ne vous protège pas de l'amour

mais l'amour dans une certaine mesure , vous protège de l'âge . Je suis Joan Harry âgé de 30 ans du Kentucky aux États-Unis d'Amérique

Eh bien, je suis une femme heureuse qui apprécie la vie sous toutes ses formes . J'ai un travail très enrichissant où je travaille avec des gens extraordinaires chaque jour . J'ai une famille que j'adore et qui me rappelle à chaque fois que je les vois à quel point la vie peut être . Je m'entoure avec un grand groupe d'amis de la pensée positive qui feraient n'importe quoi pour moi , et je ferais n'importe quoi pour eux en retour. J'aime être dans une foule parfois , mais j'aime passer du temps avec seulement quelques personnes ainsi . J'aime voyager et voir de nouveaux endroits , donc j'essaie de voyager autant que je peux en particulier sur les fonctions officielles . J'ai appris à prendre la vie comme il arrive que je me souviens que tout arrive pour une raison .

Mes hobbies sont la lecture , regarder des films , la natation , écouter de la musique et les voyages.

" La tristesse essentiel est de passer par la vie sans amour . Mais il serait presque aussi triste de quitter ce monde sans jamais dire à ceux que vous aimiez que vous les aimez .

«Parfois, la seule chose que vous recherchez , c'est la seule chose que vous ne pouvez pas voir . "

Le genre d'homme qui m'attire est honnête , direct et fiable - qui peut être mon " copain " . J'aime un homme qui est ludique d'une minute, et philosophique de la prochaine . Surtout , la camaraderie , l'honnêteté et l'idéalisme appel à moi - et un sens de l'humour ! Mon partenaire idéal est une personne très passionnée qui sait comment profiter pleinement de la vie . a une imagination très active quand il s'agit d'essayer de nouvelles choses . Plus que la plupart des gens , il sait comment mettre en valeur les plaisirs de la romance et n'a pas peur de poursuivre ces sentiments quand le timing est bon . Il dispose également d'une intelligence solide , avec un processus de pensée pénétrante et une curiosité permanente sur le monde autour de lui . J'aime traiter mon partenaire bien et souhaite être traité comme un également . Mon instinct me dit que vous avez toutes ces qualités en vous, vous êtes les bienvenus à mon monde et je vous enverrai mes photos dans mes prochaines expÃ © diez j'espère avoir de vos nouvelles .

L'amour est un don ; Pourtant, l'amour est une dette . Prenez le cadeau de mon amour et de payer votre dette lorsque les appels d'amour .

Merci

Joan .

NB : atteindre gentiment moi par mon adresse e-mail ,
parce que je n'ai pas toujours vous connectez pas à
ces sites

Adresse e-mail j_harry30@yahoo.com

S'IL VOUS PLAÎT NE RÉPOND ENVOYER EN SI VOUS
ÊTES interesed LA GEPS -CENTER

EMPLOIS par l'email dans le texte.

Bonjour intéressés aux chercheurs d'emplois / s ,

Nous estimons qu'il est plus impératif de tendre la main à ceux qui pourraient souhaiter prévaloir de cette opportunité , qui opère de la LGE - centre une création d'emploi qui a le mandat de participer à la emploi global de la reconstruction et de la reconstruction de la Libye après la récente crise qui secouent le dit pays . Il est d'un grand intérêt pour informer ceux qui pourraient être la chance de recevoir ce mail d'un emploi possibilité de travailler en Libye et d'autres ouvertures disponibles dans le bureaux LGE - centre dans les pays d'outre-mer .

Pour obtenir des renseignements détaillés sur la méthode d'application sur la participation veuillez communiquer avec le bureau du directeur de l'emploi par e-mail à empservs.hrcenter99 @ yahoo.com avec votre curriculum vitae complet , sachez

Quel que soit votre nationalité, nous exploitons une base de l'égalité en emploi occasion . Les candidats qui se retrouvent avec les services gep – centre exigences seront répondu à notre brochure d'entreprise et

formulaire de demande de traitement .

S'il vous plaît être informé que les services LGE - centre ne demande pas candidats pour les frais de traitement des demandes comme il est contre notre

systèmes d'exploitation , nous embauchons , embaucher et former tous nos employés pour

meilleure atmosphère de travail avec des avantages .

Cordialement,

M. Mario A. Fernando ,

Chef du département de l'emploi .

Cher ,

Ceci est pour vous informer que je suis venu à Genève, en Suisse hier de la

États-Unis, après la série de se plaint du FBI et d'autres de la sécurité agences de l'Asie , l'Europe , l'Océanie , l'Antarctique , l'Amérique du Sud et le Royaume-

États-Unis d' Amérique , respectivement , contre le gouvernement fédéral du Nigeria et

le gouvernement britannique pour le rythme des activités de l'escroquerie en cours dans ces deux

nations . Le lien ci-dessous est mon profil Nations Unies : http://www.un .

org / sg / senstaff_details.asp ? smgID = 147

Sincèrement , vous êtes une personne chanceuse parce que je viens de découvrir que certains haut

Nigérians et gouvernement britannique fonctionnaires sont intéressés par votre fonds et ils

travaillent en collaboration avec un M. Richard Graves des Etats-Unis pour contrecarrer vous et ensuite détourner votre fonds dans leur compte personnel .

J'ai très peu de temps pour rester ici à Genève en Suisse , donc je voudrais vous répondiez urgence à ce message à travers ce mon adresse email privé :

lapointe2@myself.com afin que je puisse vous conseiller sur la meilleure façon de confirmer votre fonds dans votre compte dans les 72 prochaines heures.

Cordialement ,

Mme Carman L. Lapointe .

Nations Unies Sous - Secrétaire

Générale de contrôle interne .
http://www.un.org/sg/senstaff_details.asp ?

smgID = 147

Salut cher ,

Il suffit de dire un petit bonjour , j'ai vu votre profil et serais intéressé à entrer en contact avec vous .

Mon nom est Syrie Virginie Rugby , je suis au Etats unis et travailler avec l'énergie de la coquille et de la pétrochimie ici en Californie . Si vous voudrait correspondre avec moi , revenir à moi par mail et je vais vous en dire plus sur moi-même , mon travail et tout ce qui peut être nécessaire dans cette relation lorsque vous répondez .

Espoir de vous lire à ma boîte aux lettres et mon adresse email est lovesyria_rugby@yahoo.com . Oh que pour ma photo , je vais vous l'envoyer quand je reçois votre réponse .

Cordialement,

Syrie Virginie Rugby

Bonjour cher,

Je suis Mlle Helen, la seule fille survivante de feu James M. / Mme robinson sauvegarder mon père et mes deux frères ont été tué le 18 Septembre 2011 par les personnes inconnues (les rebelles armés) qui a attaqué notre maison en Libye , au cours de la crise que conduit à la mort de Mouammar Kadhafi le 20 Octobre 2011.

Je suis de l'Egypte et maintenant 19 ans mais je n'ai jamais été là auparavant , parce que je suis né en Libye .

Mon père a quitté 8.8Million US dollars (huit millions huit cent mille Dollars Etat) dans la compagnie de sécurité en Côte d'Ivoire . Maintenant, à cause de la guerre en Libye , à ce moment , j'ai perdu mon père et mes deux frères , maintenant j'ai besoin de quelqu'un que je peux faire confiance à un partenaire quelqu'un qui ne veut pas me trahir qui recevra ce fonds et prendre soin de moi dans son ou son pays .

Actuellement , je suis dans un camp de réfugiés à Abidjan , Côte-d'Ivoire en Afrique de l'Ouest , s'il vous plaît si vous pouvez être d'aucune aide ne revenir à moi pour plus de détails .

Merci Cordialement,

Mlle Helen dos,

Email : (helen.back61 @ yahoo.com)

Bonjour ,

ruth_37fred@yahoo.com

   Comment êtes-vous et comment est votre travail ? J'espère que tout va bien avec vous , Mon nom est Ruth fred, je sais que vous pouvez être surpris comment je reçois votre e-mail , j'ai reçu votre e-mail aujourd'hui quand je regardais à la recherche de partenaire honnête, alors je me sens de laisser tomber cette ligne peu à vous, et je voudrais que vous me contacter via mon email ruth_37fred@yahoo.com afin que nous puissions connaître et échanger nos photos , et nous pouvons devenir des partenaires .

Rappelez-vous la distance n'a pas d'importance ce qui compte c'est l'amour que nous partageons avec l'autre .

j'attends de vous entendre bientôt le jour , à vous de nouveaux amis ,

Mlle Ruth

Cher ami ,

Le coup de départ » le paludisme 2013 » Initiative en partenariat avec MFI (organisation paludisme) situé à Spencer Way Stone Mountain Géorgie Etats-Unis organise une conférence mondiale conjointe mondiale du paludisme sur le traitement , l'élimination et la prévention . La 1ère phase aura lieu du 21 - 24th Octobre 2013 à la Géorgie aux États-Unis alors que la 2ème phase tiendra à Athènes en Grèce l'Europe du 27 - . 30 Octobre 2013 Dans notre demande d'inviter les gens de différents pays à travers le monde , nous vous contactons à titre personnel , des ONG ou des étudiants à l'intérêt de Kick paludisme OUT ! 2013.

Si vous êtes intéressé à participer et que vous souhaitez représenter votre pays , vous pouvez contacter le comité d'organisation pour plus de détails et d'informations. Vous devez indiquer dans votre e-mail que vous avez été invité par moi (Miss Valentina Blanc), un membre des Hedge Funds vs initiative contre le paludisme et un partenaire dans l'IMF (Organisation paludisme) .

Le Comité Sponsors / Organisation fournira billets rondes d'air de voyage et d'hébergement à tous les participants inscrits , pour le moment prévu aux Etats-Unis Si vous êtes un détenteur de passeport qui peut exiger de visa pour entrer aux États-Unis , vous

pouvez en informer le secrétariat de la conférence à l'
moment de l'inscription , le comité organisateur est
responsable de tous les visas et les accords
d'assistance Voyage.

Je vais être sur un terrain de vous accueillir quand
vous arrivez.

Contactez le comité Organisation indiquant votre
intérêt par courriel (
harrisonedmondssecretary_mfi@usa.com) en
répondant à cette invitation.

Vous pouvez revenir à moi en répondant à cette
invitation. (valentinab_mfi@globomail.com)

Cordialement,

Miss Valentina Blanc .

Bonjour ,

À QUI DE DROIT

J'ai reçu de votre adresse e-mail sur le WEB et je m'excuse si . Cependant , ma priorité majeure de communiquer avec vous est de proposer un accord qui exige une exécution immédiate et rapide . Je vais vous donner tous les détails nécessaires sur moi une fois la confiance établie entre nous. S'il vous plaît lire attentivement et de revenir à moi, mais vous avez l'obligation de refuser si vous n'êtes pas intéressé.

Je suis Preston parmi les troupes américaines envoyées en Jordanie pour aider les efforts pour contenir la violence le long de la frontière syrienne et le plan pour toutes les opérations nécessaires pour assurer la sécurité des armes chimiques en Syrie . , . Je suis actuellement à la Force US Marine sur la surveillance et mission de maintien de la paix en Jordanie Syrie frontaliers en ce moment .

Ce jour Août 2013, nous avons obtenu des informations sur une terreur camp d'armes chimiques existant à Damas . Après l'invasion immédiate , nous avons conquis et succès dissous le camp capturer quelques membres de ce groupe . Dans le processus de leur interrogatoire, ils ont avoué être les rebelles se sont rendus secrètement par la Syrie sanctionner anciens hommes de poste sous- commandant et un ancien chef de groupe Jordanie , et ils nous ont emmenés dans une grotte dans Dimashq , qui a servi de camp de laboratoire de chimie .

Ici , nous avons récupéré les marchandises assorties et espèces sonnantes et trébuchantes dans des devises différentes , la course en trillion de millions de livres et en euros . Nous avons décidé de retourner dans l'autre les marchandises et garder l'argent . Frank parler , il a été partagé entre nous . ce n'était pas notre faute, mais qui jamais travailler doit obtenir de son travail acharné et aussi pour maintenir la paix et un esprit parmi nous . J'ai en ma possession la somme de (GBP £ 950,000) et une qualité poussière d'or / Bars : pureté 99/9 que ma part. Parmi les 8 soldats rester énormes quantités. De retour au gouvernement militaire qui est normal pour eux que nous envoyer .

C'est là que réside le problème. Comme un officier de l'armée , je suis pas censé avoir cet argent en ma possession . C'est pourquoi je suis en vif besoin d'une fiducie digne homme / femme fiable et qui recevra l'argent , sécurisé et protéger jusqu'à mon arrivée qui devrait être bientôt. Je dois prendre cette chance parce que, je n'ai pas d'autre choix que de faire confiance à quelqu'un d'ailleurs, mon temps est écoulé rapidement , Tout ce que j'ai est ma petite fille et elle mérite une vie décente car je suis actuellement incapable et seront soulagés de mon devoir , une fois je suis libéré du camp de base . Je vais déménager à vous rencontrer avec ma fille ou envoyé ma fille à vous rencontrer sur et d'investir l'argent conformément à la loi , vos conseils et votre aide sera nécessaire . Nous pouvons travailler ensemble et atteindre un meilleur avenir pour nos familles.

Tout ce que je demande, c'est , permettez-moi de m'inscrire l'envoi à votre nom en tant que trésor de famille et on s'attend à récupérer une fois qu'il est envoyé pour atteindre vos résidents ok . Il n'y aura pas de risque dans cette affaire ; C'est comme expédition normale . J'ai fait les arrangements nécessaires au transport sûr de l'argent à votre emplacement préféré . Je suppose que vous êtes capable de gérer un report d'expédition de main de cette ampleur et aussi vous confiance pour maintenir le secret absolu et confidentialité afin de protéger cette grande réalisation . En moins de 7 jours de l'argent devrait être en votre possession si vous êtes rapide de votre part . Méfiez-vous , j'ai pris des mesures de précaution pour assurer l' argent. La boîte est codée avec un gadget de haute sécurité . Je vais vous donner 30 % de l'argent et 70 % pour moi . Je crois que c'est un traitement équitable , mais vous êtes invités à négocier . S'il vous plaît déclarer votre intérêt en envoyant les informations suivantes .

Nom complet ....

Adresse complète de réception ....

Numéro de téléphone direct ....

Occupation ....

Nationalité ....

Je prévois votre réponse positive et la réception de vos informations , je vais dévoiler mon identité complète . Et comme une promesse de militaire ne peut divulguer vos informations en dehors de la personne en cause est en cours d'expédition . Nous n'avons pas le luxe de perdre du temps si gentiment de répondre dès que possible. Tout le courrier de votre part doit être envoyer réception et transmis à cet e-mail ID

Cordialement Phil Preston . S